国家社会科学基金青年项目（13CJY077）

西北大学经济管理学院博士文库

RISK SHOCK，VULNERABILITY AND POVERTY ALLEVIATION STRATEGY OF RURAL HOUSEHOLDS: EVIDENCE FROM UNDEVELOPED POVERTY-STRICKEN AREAS IN CHINA

农户的风险冲击、脆弱性及其反贫困策略研究

——以我国连片特困区为例

阐释风险冲击、脆弱性和农户贫困形成的理论机制，并以我国连片特困区为例进行实证分析，探讨中国连片特困区如何通过降低农户脆弱性进行反贫困。

韩锦绵◎著

中国经济出版社
CHINA ECONOMIC PUBLISHING HOUSE
北 京

图书在版编目（CIP）数据

农户的风险冲击、脆弱性及其反贫困策略研究：以我国连片特困区为例／韩锦绵著．--北京：中国经济出版社，2020.1

ISBN 978-7-5136-5044-1

Ⅰ.①农… Ⅱ.①韩… Ⅲ.①贫困区-农户-扶贫-研究-中国 Ⅳ.①F323.8

中国版本图书馆CIP数据核字（2020）第023871号

责任编辑　贺　静
责任印制　巢新强
封面设计　华子设计

出版发行　中国经济出版社
印 刷 者　北京九州迅驰传媒文化有限公司
经 销 者　各地新华书店
开　　本　710mm×1000mm　1/16
印　　张　12.75
字　　数　183千字
版　　次　2020年1月第1版
印　　次　2020年1月第1次
定　　价　68.00元
广告经营许可证　京西工商广字第8179号

中国经济出版社　**网址** www.economyph.com　**社址** 北京市东城区安定门外大街58号　**邮编** 100011
本版图书如存在印装质量问题，请与本社销售中心联系调换（联系电话：010-57512564）

前 言

农户的贫困问题是我国全面建成小康社会的“短板”。中国连片特困区自然灾害频繁、生存条件恶劣、生态环境脆弱，农户的贫困和不确定性、风险与易受打击的脆弱性密切相关，风险冲击易导致农户贫困，使贫困的农户更加脆弱，中国连片特困区陷入农户的脆弱性与贫困交互影响的循环中。

本书旨在对农户风险冲击、脆弱性和贫困形成的机理进行严谨的理论分析，并通过对中国连片特困区农户的系统调研，总结中国连片特困区农户的脆弱性特征。本项目测度了我国连片特困区农户的贫困程度，对大病、灾害等风险冲击作用于农户贫困进行了实证分析，对连片特困区农户的脆弱性和贫困关系进行了实证分析，并指出了影响农户脆弱性的因素。在理论和实证分析的基础上，探讨了在中国连片特困区当前的发展水平和制度环境下，如何通过降低农户脆弱性进行反贫困。在这一方面，本书认为建立连片特困区农户的风险应对机制特别重要。在农户的风险管理策略选择方面，不仅要重视事前的风险预警和事后的风险缓释、商业保险、社会保障等正规风险应对机制，而且要考虑充分发挥社会安全网内风险统筹等非正规的风险应对机制。在精准扶贫方面，本书将连片特困区农户分为四类，提出了不同的精准扶贫重点，进而指出依据农户的贫困脆弱性特征并对其进行了精准分类扶持。

目　录

1 导 论

1.1 研究背景和研究意义

1.1.1 研究背景

新中国成立之初，我国由于人口基数大，曾经是世界上贫困人口最多的国家，在当时的环境下，解决温饱问题是国家和政府面临的最重要也是最迫切的问题。随着改革开放政策的实施，我国贫困人口已经从改革开放之初的2.5亿人降低到2008年的少于0.15亿人，这一数据表明我国在反贫困方面取得了显著的成效。这得益于这一历史阶段中国经济呈现快速增长的趋势，国民GDP不断攀升，人均收入也在不断增加，国家的富强、人民的富裕，在一定程度上降低了我国的贫困发生率。不过，对于我国这样一个农业发展大国而言，仍然面临农村人口基数大、农业发展水平程度不高的问题，同时，农村人口仍面临贫富收入差距大的难题，因此，解决农村贫穷人口的贫困问题迫在眉睫。

我们发现，贫困现象是与人类社会的出现相伴相生的，古代社会就有贫困问题的存在，在现代社会同样如此。时至今日，全球经济取得了飞跃式发展，但也不能掩盖部分国家和地区处于贫困状态之中。贫困问题是自然、社会、政治、经济多方面问题作用的产物，因此，我们在谈及反贫困之前必须弄清楚到底多穷才属于贫困的范畴。在中国，国家定了一个扶贫标准线，最初的标准为1067元，后来几经提升，到现在的2300元，这个贫困标准线是我国最新的扶贫标准。贫困线确立了，那么什么样的地区才是贫困地区呢？1986年我国提出了贫困县的概念，当时随着体制改革的重大调整，大多数地区富了起来，但也有相对贫困的地区，国务院就在当时核定出了贫困县。第一批有273个县被列入贫困县名单，第二批名单则将贫困县成员扩大到了592个。按照方位核定，这500多个贫困县全部位于我国中部和西部地区，其中西部省份包括的贫困县个数为375个，中部省份涵盖的贫困县个数是217个，有些省份贫困现象十分严重，如西藏自治区境内全部核定为贫困县，河北省、陕西省、云南省和贵州省等都是我国涉及贫困县较多的省份。2011年年底，国家将贫困县改称为国家扶贫开发工作重点县，国务院划定了“11+3”连片特困区，其中“11”为我国11个比较集中的连片特别贫困地区，“3”为西藏、四省藏区和南疆三地州。我国确定了扶贫的战略重点，全国的贫困发生率为12.7%，而这些地区的贫困发生率为28.4%，比全国标准高15.7%，这些地区的人口大多数都是我国确定的在贫困线以下的贫困人口，因此，贫困问题主要发生在这些集中连片特困区。翻阅历史资料不难发现，连片特困区概念的提出，可以追溯到30多年前，从表1-1所列示的20世纪80—90年代我国所划分的连片贫困区可以看出，贫困县的重复率较高，这就表明，我国许多地区在长达30年的时间里一直是处于贫困状态的，这些贫困地区在地理区位上大都相连，环境气候因素十分相似，并且风俗习惯和文化生活相通，所以它们的致贫因素也很相近，对它们进行整体规划将有利于脱贫工作的有效开展。

表1-1　1980—1990年我国18个集中连片贫困区分布地区及数量

经济地带	连片贫困地区数/个	贫困地区名称	涉及的省、市、区	贫困县数/个
东部	2	沂蒙山区	鲁	9
		闽西南、闽东北地区	闽、浙、粤	23
中部	7	奴鲁尔虎山地区	辽、蒙、冀	18
		太行山区	晋、冀	23
		吕梁山区	晋	21
		秦岭大巴山区	川、陕、鄂、豫	68
		武陵山区	渝、陕、鄂、豫	40

续表

经济地带	连片贫困地区数/个	贫困地区名称	涉及的省、市、区	贫困县数/个
中部	7	大别山区	鄂、豫、皖	27
		井冈山和赣南地区	豫、湘	34
西部	9	定西干旱地区	甘	27
		西海固地区	宁	8
		陕北地区	陕、甘	27
		西藏地区	藏	77
		滇东南地区	滇	19
		横断山区	滇	13
		九万大山区	桂、黔	17
		乌蒙山区	川、滇、黔	32
		桂西北地区	桂	29
全国	18			512

资料来源：转引自万君，张琦．区域发展视角下我国连片特困地区精准扶贫及脱贫的思考［J］．中国农业大学学报（社会科学版），2016，33（5）：36－45.

在我国划分的14个集中连片特困区中，每天的收入大约在1美元的贫困人数大约有7000万人。如今我国已是世界上第二大经济体，对比部分发展飞速的沿海城市，西部贫困地区的现状不容乐观，的确应该受到各界重视。从新中国成立之初到改革开放，再到2014年，我国走出了一条自己的扶贫式道路，累计减贫人口超过7亿人，而面对“十三五”规划的要求，要在2020年实现全面建成小康社会，要让7000万生活在贫困线以下的人口全部脱贫，这是我们面对的重大的历史性考验。从我国当前的贫困形式来看，贫困现状呈现出“多、广、深”的特点，贫困人口“多”的这一特点可以通过一组数据表现出来，据相关部门统计，截至2014年，我国贫困人口具体为7017万人，其中云南省、贵州省、广西壮族自治区、四川省、湖南省、河南省6个省份的贫困人口均超过500万人。我国贫困人口的分布区域很广，除有14个集中连片特困区之外，包括京、津、沪3个直辖市在内的31个省级行政区也都存在相当程度的贫困人口。我国现如今需要脱贫的这些人口还具有贫困程度深的特征，相关统计数据显示，全国还有相当一部分家庭喝不上干净的饮用水，有 20 多万家庭未能正常通电，有 7 万多个村没有通行的客运班车，有 33 万个自然村没有通水泥路，在所有的贫困人口中，因病致贫的贫困人口达 40%，需要以搬迁的方式解决贫困问题的人口接近 1000 万人。

通过以上分析可以看出，我国贫困发生的形态分别涉及制度、区域、后天能力和先天能力等。对于制度供给不足型贫困，它的形成是市场经济制度和社会与政治等各方面的制度不足所引起的。改革开放以来我国开始关注的贫困问题，很大一部分源于制度不足，权利被剥夺或限制使得这些贫困人群不能享受制度带给他们的权利，导致这部分群体能力的缺乏和贫困率的提升。由区域发展所导致的贫困是我国现阶段贫困中最重要的贫困类型。在这些贫困区域中，地区交通设施、通信条件和经济设施的缺失或者不完善，加上当地脆弱的自然环境和封闭的条件，使得该地区的贫困人口常年处于封闭的、难以脱贫的境况之中。结构型贫困的发生是由贫困者个人的能力不足所导致的，具体表现为贫困者相关能力的缺陷，但是这种缺陷不包括贫困者智力及先天能力的缺陷，所以可以通过后天培养贫困者相关方面的能力来助其摆脱贫困。与结构型贫困相对的是先天缺乏型贫困，该类贫困是由于贫困者先天性的智力缺陷或者肢体的缺陷所导致的个体生产能力不足或者缺失的现象。此类贫困是不可逆的，所以通过培养自身的能力来解决该类贫困问题有一定困难，政府对于特殊人群的特殊救助应该是解决该类贫困很好的方法。对于最后一种贫困发生形式——族群型贫困，主要是指我国少数民族及偏远地区的人由于在生产、生活方式、宗教文化及信仰方面的特殊性，不同种族和不同宗教信仰的矛盾使得这种类型的贫困人群的脱贫问题变得异常棘手。

在分析了我国贫困的发生形态之后，需要分析我国反贫困工作是如何进行的。在我国，“三农”问题特别重要，其核心是农民问题，其中解决农民的增收问题和脱贫问题至关重要。“十三五”规划中提出：农村贫困人口脱贫是全面建成小康社会最艰巨的任务，必须充分发挥政治优势和制度优势，坚决打赢脱贫攻坚战。在此基础上，2015 年我国提出了全面建成小康社会的具体要求，也就是到2020年实现我国7000多万贫困人口全部脱贫的目标，可见贫困问题是政府和社会关注的焦点。我国的贫困问题呈现出三个特点：一是贫困人口数量多；二是贫困人口集中；三是返贫现象严重。

反贫困问题一直是人类社会发展过程中所面对的重要问题，在该问题上，不同时代的人提出的解决办法的侧重点不同。20世纪50年代，国际社会注重物质资料的投资，希望通过丰富物质资料来改善贫困问题；70年代后，开始注重人力资本的作用，将投资集中于医疗和教育方面；80年代后，将市场力量引入反贫困问题中，借助经济管理的作用来反贫困；90年代以来，由于对风险、致贫因素有了更深刻的认识，再加上将脆弱性纳入反贫困行列，所以提出了明确的扶贫方向，就是要为穷人创造机遇、赋予他们相应的权利，并且要加强对穷人的安全保障，同时提出要降低贫困人口的脆弱性，提出了“对风险和脆弱性的考察是认识贫困的关键”这一研究方向。

我国的反贫困问题一直以来备受各界关注。在反贫困问题上，国家出台了一系列相关政策来确保扶贫工作的顺利进行。“八五”之后，国家出台了三个阶段的扶贫政策，具体来说：第一阶段为扶贫政策；第二阶段为扶贫资金的投入；第三阶段为现阶段的总体政策。这三项政策的落实对于我国反贫困事业的发展颇有成效。下面我们以时间为轴线，具体分析中国初始阶段的扶贫政策、转型期的扶贫政策、如今的反贫困政策目标和相关的配套政策。

我国初始阶段的反贫困政策涉及信贷优惠政策、财税优惠政策、对口支援三类。信贷优惠政策是指为贫困地区的贫困农户提供信贷资金，要结合农户的实际情况，确保农户在还得起贷款的前提下，以最大可能的优惠为其提供贷款。对于部分商业银行，令其在贫困地区选择一些经济效益较好、可以还贷的项目，为其注入相应的资金。对于财税优惠政策，国家对在“老、少、边、穷”地区办的新企业所得税在3年内予以返还或者部分返还，这对于新办企业的良好发展起到了关键性作用。国家还明确规定各级政府必须将扶贫资金列入财政预算，以利于扶贫工作的顺利有效开展。我国区域性贫富差距大，东部与中西部地区呈现出相对不发达的态势，但是东部与中西部地区各有其发展及生态环境优势，所以可以通过优势互补解决贫困地区的温饱，以达到共同富裕的目的。改革开放以后，扶贫开发资金以多种渠道投入贫困地区：一是通过财政扶贫将资金拨入贫困地区，借助该种资金的投入来确保贫困地区的生产建设，提高其再生产能力。二是为贫困人口提供银行扶贫贷款，农户可以向相关银行贷款来满足其生产建设的成本，等到取得收入的时候，再归还贷款，这种贷款的利率一般有很大的优惠。三是以“以工代赈”资金来确保扶贫开发资金的投入。其中，财政部、中国人民银行、农业银行、工商银行分别从 20 世纪 80 年代开始，每年都会提供 0.5 亿～10 亿元的贫困地区专用贷款，用于助推贫困地区的顺利发展。同时，世界银行、联合国有关机构和其他相关组织、政府和非政府组织等也为我国的扶贫事业提供了国际援助。

发展转型时期，我国对扶贫政策进行了相应的调整，过去国家通过增加贫困人口的收入助其脱贫，但这种方法具有一定的局限性，即只能暂时性地解决农户的贫困问题，并不能长久地助其脱贫。所以，调整后的策略就是提高贫困农户自我发展的能力来达到减贫和脱贫的目的。这种措施将贫困人口以贫困县集合起来作为研究单位，通过促进贫困县的经济增长来降低贫困发生率，同时通过发挥贫困地区的资源优势，开发资源来促进当地经济增长，再配合以提高贫困地区人口的素质，通过改善基础设施建设和科学技术的作用来提高当地人才的利用率。具体措施包括组织保障政策、目标瞄准政策、增加投入政策、产业开发政策、减轻负担政策、异地开发政策、人力资源开发政策、社会扶贫政策、国际合作政策、定点帮扶政策、东西互助政策以及实地开发政策。这些政策在我国反贫困进程中功不可没。

精准扶贫战略提出后，我国的反贫困工作主要包括以下内容：到 2020 年，农田水利设施建设水平要明显提高。到 2020 年，特色优势产业要初步构建起特色支柱产业体系。到 2020 年，饮水安全保障水平以及自来水普及率得到一定水平的提升。到2020年，要解决无电人口用电问题，确保偏远山区家家户户都能用上电。到2020年，确保交通水平在偏远地区通畅，并且农村的公路服务水平要明显提高。危房在农村地区对农户的生命安全有很大的威胁，为了提高农户的居住水平，到2020年，危房改造要得到显著改善。而对于教育，到2020年要基本普及学前教育，义务教育、高中教育要得到广泛的普及。医疗卫生方面，要让各地区农村群众都能享受良好的基本医疗服务。同时，公共文化、社会保障水平到2020年要取得显著的发展成效，人口要获得均衡发展，森林覆盖率要比2010年增加3.5%。这些具体量化的扶贫目标，对于各地区的工作人员开展具体的扶贫工作具有良好的指导意义。与现阶段的扶贫目标相配合的配套政策还有财税的支持、投资的拉动、金融的服务、产业的扶持、土地的使用、生态的建设、人才的保障以及对于重点群体的关照。

与此同时，随着经济的发展，我国的减贫效应逐年递减，相同的投入和生产方法难以获得应有的产出。相关专家学者认为，我国的扶贫道路应该在以往成功的基础上再进行创新，走出一条更适合我国新形势的扶贫之路，具体来说：第一就是要精准扶贫、精准脱贫，针对不同的贫困问题提出有针对性的解决方案，如对于读不起书的就应该在教育方面给予其帮助，对于看不起病的就应该在医疗方面给予其优惠，要坚持“一把钥匙开一把锁”的原则。第二就是从各部门的单打独斗到集中资源全体出击。每年不同部门的补贴资金不少，可以把这些资金集合起来，共同解决问题。第三是从政府单方面的责任到全民出击解决贫困问题。以前大家都觉得帮助贫困地区的贫困人口脱贫是政府和国家的责任，但是，我们应该意识到，共同富裕、全面建设小康社会是国家的事情，但更是我们每一个人的事情，只有国家强盛了，我们才会有更好的生活水平和条件。第四是对于扶贫开发的强制性要求，以前政府对于扶贫开发工作的重视度不够，认为扶贫工作可有可无，可是自从“十三五”规划将帮助我国7000万贫困人口的脱贫工作提上日程之后，我们就应该正视政府的决心与信心，相信在大家的共同努力下，让贫困县全部“摘帽”不成问题。我们应该认识到脱贫工作是一项具有艰巨性、复杂性和长期性的工作，所以应该做好一切准备迎接新的挑战。

在返贫方面，2009 年 3597 万贫困人口中，有 62.3% 是返贫人口，可见贫困人口在接受贫困救助后，很容易再度陷入贫困之中。在我国贫困人口主要集中在连片特困区的背景下，对该区域农户加以研究更具有针对性。在返贫问题严重的背景下，若使用传统的贫困指标，则只能在事后干预贫困，不能有效解决返贫问题，因此需使用脆弱性这个前瞻性贫困度量指标，以便在贫困发生之前加以预测，并进行政策干预。20 世纪 50 年代，贫困的测量和政策干预就已经被提出了，各国为了区分穷人与富人并且为反贫困提供政策性干预措施，普遍制定出了国家贫困标准。世界银行于 2000 年提出了贫困的概念，其中以个体的消费或者收入来确定福利，贫困就是基于这种福利之上被定义的，当福利被剥夺的时候，一个人就处于贫困的状态。基于此种定义，我们就可以通过观察消费的支出与收入水平来确定贫困。虽然各国所确定的贫困的水平和基准不同，但是共同点就是，通过确定贫困线来观察家庭或者个体的消费水平和收入水平，这都是一种事后的措施。事实上，当前的贫困人口可能只是暂时性的贫困，在将来他们有可能摆脱贫困变成相对富裕的群体，但也有可能继续贫困，而对于现在的非贫困人口，他们有可能在未来会遭受一定的风险冲击而陷入贫困，这些都是有可能发生的。因此，要提供有效可靠的反贫困策略，即预防和减少未来贫困发生的概率，即他们现在面对何种风险，以及他们未来有没有可能会陷入贫困，预估家庭或者个体的贫困脆弱性，我们不仅需要了解不同个体或者家庭现在的收入及消费状况，还需要知道他们未来所面对的风险冲击及未来陷入贫困的概率。对于贫困问题，我们可以在贫困发生以后来测量贫困的发生率，或者寻找其致贫因素，或者探寻所采取的各种脱贫手段是否有效，不过这些工作都有一个共同点，都是在贫困发生以后所进行的，而并没有在贫困发生以前对人们进行预警或者防止贫困的发生。20 世纪 90 年代贫困脆弱性的提出解决了这个问题。针对较脆弱的群体，国家和政府相关部门可以采取事前的政策进行干预，这种做法不仅能定位出哪些群体未来有可能陷入贫困、哪些群体未来能摆脱贫困，而且能降低减贫政策的成本，提高政策作用的有效性。

我国相关学者对于贫困脆弱性的关注与研究是在世界银行2000年提出贫困脆弱性这一概念之后进行的。目前，我国的研究尚处于初级阶段，探索的内容包括贫困脆弱性产生的原因、如何度量贫困脆弱性等，同时探讨了影响贫困脆弱性的相关因素以及对于贫困脆弱性的评价，并提出现阶段基于中国特殊的贫困状况，将贫困脆弱性纳入扶贫的队列中，通过探讨贫困和贫困脆弱性之间的关系，发现贫困脆弱性是返贫的重要因素之一。研究贫困脆弱性，不仅可以很好地预测未来贫困发生的形式，还能为扶贫工作提供前瞻性的建议，同时结合过去贫困发生的历史成因，扶贫工作打开新思路，提供新的方向。

我国相关学者大多采用定性的方法来评价贫困脆弱性。这种定性的评价方法是通过建立特定的评价指标体系，针对不同的目标群体，对其贫困脆弱性进行定性的度量并作出评判。评价体系具有不同的侧重点。第一类比较具有代表性的评价指标体系是可持续生计发展框架，该评价指标的提出单位为英国国际发展署（DFID）。第二类是通过分析农村脆弱性来制定相应的指标，该评价指标体系的设定来自世界粮食计划署，包括当地人群所面临的粮食风险、抗风险能力、是否具有健全的社会服务体系。第三类评价指标体系则是设定一个贫困脆弱线，当一个家庭或者农户未来陷入贫困的概率高于脆弱线时，我们就可以认为他们是脆弱的。我国学者在对贫困脆弱性进行测度时，基本上都采用预期的贫困脆弱性（VEP）这一指标，其中以均值表示的消费水平和以方差表示的消费波动是构成预期的贫困脆弱性的基础。这里的均值和方差分别由家庭的基本情况包括人口、家庭资产等方面决定。

综上所述，在过去的几十年里，我们国家和人民为反贫困事业做出了不懈的努力，我国的贫困状况不断改善。但是我国的14个集中连片特困区依然自然灾害频繁、生存条件恶劣、生态环境脆弱，农户的贫困和不确定性、风险与易受打击的脆弱性密切相关，风险冲击易导致农户贫困，使得

（4）中国连片特困区农户的脆弱性与贫困关系的经验分析。通过专题问卷调研获取相关数据，对不同连片特困区农户的脆弱性进行测度；并通过数据分析对中国连片特困区农户的脆弱性与贫困的关系进行经验检验，分析了连片特困区农户脆弱性的影响因素。

（5）中国连片特困区农户的风险管理策略选择。探讨在中国连片特困区当前的发展水平和制度环境下，如何通过降低农户脆弱性进行反贫困。在这一方面，本项目在反贫困策略选择方面不仅重视事前的风险预警和事后的风险缓释、商业保险、社会保障等正规风险应对机制，而且考虑充分发挥社会安全网内风险统筹等非正规的风险应对机制。此外，连片特困区的反贫困还要充分发挥财政、金融、教育、产业、扶贫的作用。在精准扶贫方面，本项目将连片特困区农户分为四类，并为他们提出了不同的精准扶贫重点，进而指出依据农户的贫困脆弱性特征对其进行精准分类扶持。

1.3.2 研究框架

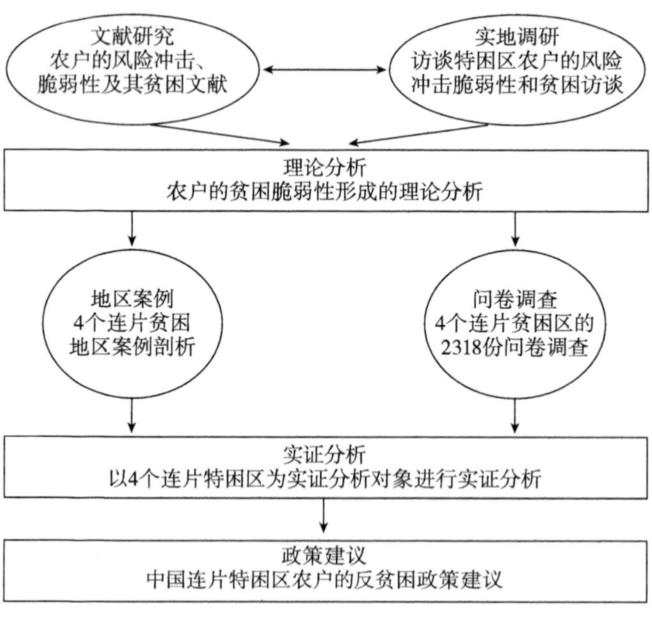

图1-1 研究框架

1.4 创新之处

（1）以往有关我国连片特困区反贫困的研究更多重视物质投资与人力资本投资，较少直接涉及风险冲击、脆弱性与农户贫困的内在联系机理，这是国际发展经济学研究的新动向。中国连片特困区自然灾害频繁、生存条件恶劣、生态环境脆弱，使得这些特困区大量的农户常年处于贫困之中，还有一部分农户既贫困又脆弱。本书分析了集中连片特困地区农户的风险冲击、脆弱性和贫困关系的内在机理，具有一定的新意。

（2）实证分析方面，本项目选取我国4个典型连片特困区作为案例，通过对农户的深入调研，使用统计计量方法对这些地区的农户贫困进行度量，并检验农户的风险冲击、脆弱性和家庭资本的内在关系以及分析影响集中连片特困区农户脆弱性的因素，这对以往研究侧重定性分析来说是进一步的尝试。

（3）反贫困政策建议方面，本项目不仅重视事前的风险预警和事后的风险缓释、商业保险、社会保障等正规风险应对机制，而且考虑充分发挥社会安全网内风险统筹等非正规的风险应对机制。此外，在精准扶贫方面，将连片特困区农户可分为“贫困、脆弱”“贫困、非脆弱”“非贫困、脆弱”“非贫困、非脆弱”四类，指出前三类是精准扶贫政策扶持的重点，并为他们提出了不同的精准扶贫重点，进而指出应增强扶贫政策的灵活性、针对性，依据农户的贫困脆弱性特征对其进行精准分类扶持。

2 国内外研究文献综述

2.1 风险对致贫和返贫的影响研究

世界银行的研究表明，穷人总是将贫穷同不安全、不确定性以及容易遭受打击的脆弱性联系在一起（World Bank，1994、1997、1995、2001）。穷人认为：贫困是一种几乎什么都没有的状态，仅有的东西也比较容易失去（Deepa Narayan et al.，2003）。上述各种观点和发现使学术界充分认识到风险对导致贫困和重返贫困的重要影响（Dercon，2004），风险可以被定义为这个世界损失发生的不确定性，人们可能预测它发生的可能性，但对它的严重性常常考虑不周。人们试着使用各种事前事后的风险管理策略来改变影响。冲击（Shocks）被定义为风险的真正实现（Dercon，2006）。人们面对的庞大而多样化的风险可能会使他们陷入贫困或者使贫困持续。风险在评估一个家庭的生活标准和脱离贫困的选择时起着决定性作用。很多研究和反贫困政策没有给予风险度量和风险管理战略的实施足够的重视，涉及这些问题的文献有 Morduch（1995）、Holtzmann 和 Jorgensen（2000），以及 Dercon（2002）。在我国，Fao（2011）则关注食品与营养安全方面的风险冲击与贫困的关系。高梦滔、姚洋（2005）的研究发现，农户遭受大病冲击之后，其人均纯收入平均下降 5% ~6%，并且这种影响是长期的。黄季焜等（2008）的研究结果表明，风险偏好和技术信息知识对农民的农药施用会产生显著的影响。

风险可以发生在宏观和中观层面，如经济和金融危机或自然灾害，也可以发生在微观层面，包括异质性冲击，如疾病和风险损失。在缺乏安全网或管理战略能力薄弱时，风险对家庭幸福有很强的消极影响并会增加贫困脆弱性。这在低收入国家尤其重要（Holtzmann et al.，2002）。经济学家研究了两种类型的风险或冲击，它们的影响规模存在差异，每一种类型都由众多不同来源组成：第一种是异质性冲击，主要影响单身家庭，如那些经历了家庭成员死亡的。第二种是协同风险每次影响较大的单元，如村庄和社区，达到了国家层次。后者的例子有干旱、洪水或全国范围内的经济危机（Holtzmann，Jorgensen，2000）。徐月宾等（2007）考虑到风险对农村贫困的作用，认为我国的反贫困政策应该从社会救助向社会保护转变。

风险本身并不一定会导致福利损失，但是它的存在已经影响了家庭的决策进程，影响了其预防的能力，Dercon（2006）认为由于风险规避行为，对有着更高平均预期回报的冒险活动的投资也被回避了，长远而言，延迟了家庭的未来发展。人们试着使用各种事前事后战略来改变影响。一些反贫困政策未给予风险度量和风险管理战略的实施足够的重视（Morduch，1995），但后来的反贫困研究很多都涉及风险管理问题。

经济学家研究了两种风险管理策略：第一种是事前的；第二种是事后的。第一种事前的风险管理策略包含风险发生前的缓解和减少风险的措施。在风险发生后，事后的应对战略才被应用。农户风险策略的选择取决于他们的有效性、可获得性和个人对其效力的感觉。风险减少机制经常需要集体行为来降低风险的概率，在较小程度上可用于个体，但往往是非常昂贵的。适当的缓释策略是有限的，尤其是在发展中国家（Holtzmann，Jorgensen，2000），例如，由于市场欠发达或不完美，保险制度和其他的金融服务很少被提供给穷人。生产或农产品多样化和作为收入来源与现金或实物形式的存款，更普遍地被应用于实践风险缓释。人们在冲击后还通过借钱、清算资产价值或申请社会基金以及其他选择来缓释风险。事后的风险应对策略是指冲击后借钱、清算资产价值，或申请社会基金以及其他选择。战略来源可以进一步区分，即家庭是否使用了私人或非正式资源（朋友或放债者）、市场机制（微观金融服务）或依赖公共资源（社会政府支持）。

一个家庭的可支配资产也强烈影响着其对于风险的应对（Moser，1998）。因此，要在多个水平（宏观、中观和微观）开发应对风险的机制。举例来说，一个受过良好教育的人可能会更有效地评估风险；一个具有更强的社交网络或享受公共服务的人可以采依靠它们的支持；或一般人获得了较好的资产基础，可以采用更合适的方式处理风险，并减少其负面影响。

2.2 脆弱性及其与贫困的关系研究

传统的贫困应对是一种事后干预，20 世纪 90 年代末以来，越来越多的研究开始关注贫困的事前状况——脆弱性（Vulnerability），并提出要对脆弱群体采取事前政策干预（Glewwe and Hall，1998；Chaudhurietal，2001）。一方面，脆弱性是造成贫困的深层次原因；另一方面，它也是贫困的一种表现。脆弱性分析以一种独特的视角提供了解决问题的新思路，在解决贫困问题中具有重要地位。

2.2.1 脆弱性的定义

脆弱性的研究仍然是一个相对较新的领域。脆弱性的一个早期的一般定义是 Chambers（1989）赋予的，它“是指暴露于突发事件和压力，这是缺乏防备，意味着在没有破坏性损失时缺乏应对手段”。Pelanda（1998）提出了灾害形成的压力与释放模型，认为“脆弱性”是灾害形成的根源，灾害是社会脆弱性的体现。World Bank（2001）将脆弱性和贫困联系起来，认为脆弱性是个人或家庭面临某些风险的可能，并且由于遭遇风险而导致财富损失或生活质量下降到某一社会公认的水平之下的可能。Devereux（2001）定义的脆弱性与净资产的水平、权利和能力相关，而不是收入或消费的流量，他认为脆弱性把风险暴露带来的威胁和它的消极后果所产生的敏感性结合了起来。向下波动的收入一方面是相对可预测的，如季节性下降、就业机会或农业旱季；另一方面，波动也会作为不可预知的风险发生。Chaudhuri（2002）认为脆弱性是“在给定时间区域内落到贫困线下的概率”。Pritchett 等（2000），Mansuri 和 Healy（2001）则将其定义为一个家庭在未来若干年内至少有一年会陷入贫困的概率。Coudouel 和 Hentschel（2000）将脆弱性被定义为收入、消费甚至与健康风险和社会有关的风险对福利的影响。而 Chaudhuri 和 Shubham 等（2002）则将家庭在 T 时的贫困脆弱性定位在为“T+1”时陷入贫困的概率。Kühl 和 Jesper（2003）将其定义为一个家庭因遭受一个重大的冲击而导致其福利水平降低到贫困线以下的可能性。

2.2.2 脆弱性的度量

在很大一部分发展中国家观察到的贫困是短暂的，常规措施无法捕获这种短期贫困（Dercon，2006），但脆弱性可以度量。因此，有必要通过随机模型来度量脆弱性，并了解跟踪其原因和影响以及评估与监督政策的有效性。主要的贫困脆弱性度量方法有 6 种，其中风险暴露脆弱性（VER）、低期望效用脆弱性（VEU）和预期贫困脆弱性（VEP）的方法提出较早，是传统的贫困脆弱性度量方法。近年来，学术界对贫困脆弱性的度量进行了深入研究，又相继出现了 Calvo，Dercon 的贫困脆弱性度量模型，可感知的下行风险脆弱性度量（Perceived Vulnerability to Downside Risk）和反向 VEP 测度法。

（1）风险暴露脆弱性（Vulnerability as Uninsured Exposure to Risk，VER）

风险暴露脆弱性（Tesliuc and Lindert，2002）表示家庭未来遭受风险并使得福利遭受损失的大小，用福利水平对风险冲击的敏感程度来表示脆弱性，是一种事后的度量。风险冲击导致的收入变化越大，消费对收入风险的脆弱性越高。它对福利变化的估计由式（2－1）获得：

$$\Delta \ln c_{itv} = \sum_i \lambda_i S_{tv} + \sum_i \beta_i S_{itv} + \sum_{tv} \delta_v (D_v) + \eta X_{itv} + \Delta \varepsilon_{itv} \quad (2-1)$$

其中，$\Delta \ln c_{itv}$被定义为一个家庭 i（同位置 v）在 t 和 $t-1$ 期消费的变化，S_{tv}代表系统冲击（总冲击），S_{itv}代表异质性冲击。D_v是一个虚拟的位置，X_{itv}是一系列家庭特征，$\Delta \varepsilon_{itv}$是家庭特有的误差项。模型分别用一般社区或村庄的收入增长率和家庭收入的增长率代表所有协同风险和风险的综合效应，替换式（2-1）前两项（Dercon and Krishnan，2003）。该模型还适于考虑不同群体中不同的冲击影响。家庭收入的增长率可以进一步分为积极和消极的收入变化两项度量，因为这两个效果都是不对称的。参数估计越高，收入和消费之间的协方差变化越强，因此消费对收入风险的脆弱性越大。但也有证据表明，社会平均收入的增长速度对家庭消费的增长速度很重要，这可以解释社区内发生的一些风险共担的战略。

（2）低期望效用脆弱性（Vulnerability as Low Expected Utility，VEU）

低期望效用概念仔细研究了家庭消费的方差，并把它解释为家庭的脆弱性。方差越大，家庭的脆弱性越高。这种方法最早由 Glewweh 和 Hall（1998），Dercon（1999），以及 Coudouel 和 Hentschel（2000）应用于实证，他们认为那些过去经历了较大收入或消费变化的家庭是脆弱的。Ligon 和 Schechter（2002，2003）正式提出了低期望效用脆弱性（VEU）的概念，把期望效用引入了脆弱性度量的核心，定义一个家庭 i 的脆弱性（V_i）为给定的均衡消费的效用 $U(Z_i)$ 和家庭实际消费的期望效用 $EU_i(C_i)$ 之差。给定的均衡消费的效用水平类似于贫困线，一个高于它的家庭 i 是不脆弱的：

$$V_i = U_i(Z_i) - EU_i(c_i) \tag{2-2}$$

通过假定 U_i 为一种弱凹的严格递增函数（Hoddinott and Quisumbing，2003），低期望效用脆弱性解释了风险偏好，适用于量化风险冲击造成的福利损失。该概念的另一大特点是脆弱性可以被分解以下几个组成部分：

$$V_i = [U_i(Z_i) - U_i(Ec_i)] + \{U_i(Ec_i) - EU_i[E(c_i \mid x_t)]\} + \{EU_i[E(c_i \mid x_t)] - EU_i(c_i)\} \tag{2-3}$$

（贫困）　　+　　（协同风险）　　+　　（异质性风险）

其中，$E(c_i \mid x_t)$ 等于给定了协变量 x_t 时消费的期望值。

（3）预期贫困脆弱性（Vulnerability as Expected Poverty，VEP）

预期的贫困脆弱性（Chaudhuri et al.，2002；Christiansen and Subbarao，2001；Pritchett et al.，2000）以家庭在 $t+1$ 期的消费 $C_{i,t+1}$ 低于贫困线 Z 的概率度量它的脆弱程度：

$$V_{i,t+1} = Pr(C_{i,t+1} \leqslant Z) \tag{2-4}$$

这一概念虽然是前瞻性的脆弱性度量，但实际上它没有考虑家庭消费的折现率。另外，预期的贫困脆弱性没有对风险敏感性作出解释，有相同预期结果的家庭就会被认为有相同程度的脆弱性。然而，不确定性可能会对福利产生消极影响，因此，未来会面临不同可能结果的家庭比确定会收到预期结果的家庭更加脆弱。生活有 50% 的概率略低于贫困线的居民与生活有 50% 的概率严重低于贫困线的居民具有相同的脆弱性。

这些问题可以采用 FGT 措施很好地解决：

$$V_{\alpha,i,t} = F(z)\int_{c}^{z}\left(\frac{z - c_{i,t+1}}{z}\right)^{\alpha}\frac{f(c_{i,t+1})}{F(z)}\mathrm{d}c_{i,t+1} \tag{2-5}$$

其中，α 是相关联于基准和福利措施之间差距的福利权重。

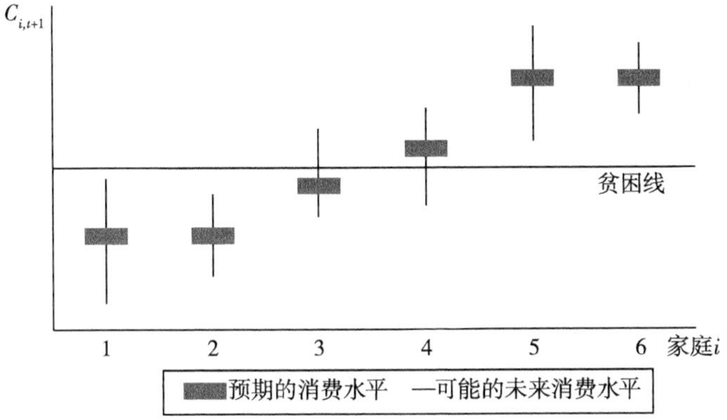

图 2－1　VEP 度量的基本思路

图 2－1 描绘了 VEP 度量的基本思路，它假设当前消费和未来消费之间的关系是随机的，说明了取决于家庭特征和风险事件的预期消费水平，以及取决于平均水平附近的可能的未来消费水平分布及其相对于贫困线的位置。那些消费水平变化较大的家庭更容易受到冲击（Hoddinott and Quisumbing，2003），例如，尽管家庭 4 的预期消费水平高于贫困线，但它在 $t+1$ 期变贫困的概率很高。该模型还考虑了长期贫困和短暂贫困之间的区别，短期贫困可能主要是由于受到风险冲击，如家庭 3，而长期贫困则还

因为缺乏创收机会，如家庭 1 或家庭 2，这对政策的设计和定位是相当重要的（Jalan and Ravallion，2000）。在理想情况下，该模型需要基于一系列面板数据，度量家庭随着时间推移的消费变化。

（4）Calvo – Dercon 的贫困脆弱性度量模型

在上述方法的基础上，Calvo 和 Dercon 提出了一种新的贫困脆弱性度量模型，并对其进行了不断的改进。Calvo 和 Dercon（2003）建立了一个单一维度的贫困脆弱性度量模型（Vulnerability to Unidimensional Poverty，VUP）。在 VUP 模型中，脆弱性是未来不同状态下具体贫困指标均值的概率加权。贫困脆弱性程度由式（2 – 6）得出：

$$VUP_i = 1 - E[x_i^{\alpha}], \quad 0 < \alpha < 1 \qquad (2-6)$$

$$x_i = \frac{\text{Min}(y_i, z)}{z}, \quad 0 \leqslant x_i \leqslant 1$$

其中，VUP_i是指农户 i 的贫困脆弱性，y_i 是指农户在某一维度的福利值，z 是指贫困线，α 越接近于 1，风险规避的倾向就越小。

Calvo 和 Dercon（2005）对这一模型进行了改进：

$$VUP_i = 1 - (\sum_{h=1}^{N_i} P_{hi} \times x_{hi}^{\alpha}), \quad 0 < \alpha < 1 \qquad (2-7)$$

其中，N_i反映未来可能的情景数，P_{hi}表示情景 h 发生的概率。在此基础上，Calvo 指出，仅用收入、消费指标等这些常用的维度度量贫困脆弱性是不够的，于 2008 年提出了多维度贫困脆弱性度量模型（Vulnerability to Multidimensional Poverty，VMP）：

$$VMP_i = 1 - E[(\sum_{j=1}^{J} \gamma_j x_{ij}{}^{\rho})^{\frac{\alpha}{\rho}}], \quad 0 < \alpha < 1, 0 \leqslant \rho \leqslant 1 \qquad (2-8)$$

$$\sum_{j=1}^{J} \gamma_j = 1, x_{ij} = \frac{\text{Min}(y_{ij}, z_j)}{z_j}$$

其中，VMP_i是指农户 i 的贫困脆弱性，J 为衡量贫困状况的维数（即福利指标数）。y_{ij}是指农户 i 在维度 j 上的福利值，Z_j是指维度 j 的贫困线，γ_j是赋予各个维度的权重。参数 α，ρ 是任意两个维度之间的交叉导数，代表两个维度之间是替代关系还是补充关系，若 $\rho > \alpha$，则为替代关系；若

$\rho < \alpha$，则为补充关系。

（5）可感知的下行风险脆弱性度量（Perceived Vulnerability to Downside Risk）

Pavel（2009）选择家庭当前的福利水平代替贫困线等预先确定的临界值作为参考点，提出了可感知的下行风险脆弱性的度量方法。它赋予了家庭 i 所可能经历的每种状态 h 一个贫困指数 d_{hi}，d_{hi} 为 0 意味着不贫困，1 是最大的贫困程度。以每一种情景可能发生的概率作为权重，家庭 i 的贫困脆弱性可表示为：

$$V_i = \sum_{h=1}^{N_{hi}} p_{hi} \times d_{hi}^{\alpha}, \quad 0 \leqslant d_{hi} \leqslant 1, \quad \sum_{h=1}^{N_{hi}} p_{hi} = 1 \qquad (2-9)$$

其中，α 是度量风险态度的参数，$\alpha > 1$ 代表风险厌恶，$0 < \alpha < 1$ 代表风险偏好，$\alpha = 1$ 代表风险中性。Pavel 基于这一方法对越南和泰国农村家庭样本数据进行了实证分析，结果表明，使用事前的风险信息度量脆弱性是可行的，该方法为家庭可感知的脆弱性研究提供了新的视角，当前更值得进一步关注的是风险的量化、发生的概率和严重性问题，而不是那些基于可得数据的简单量化方法。

（6）反向 VEP 测度法

特别地，邹薇和郑浩（2014）提出了一种反向 VEP 的贫困脆弱性测度方法，以个人或家庭在将来维持某一返贫概率之上的最小福利水平测度家户脆弱性，记为 Cvar（即基于消费的风险脆弱性，Vulnerability at Risk based on Consumption），表达式如下：

$$Cvar_{itv} \triangleq -inf\{z: P(c_{i,t+1} < z_{it}) \gg v\} = -inf\left\{z: \int_{-\infty}^{z} f_t(c_{i,t+1})d\,c_{i,t+1} \gg v)\right\} \qquad (2-10)$$

其中 $Cvar_{itv}$ 为家庭 i 在 t 期水平为 v 的脆弱性，$C_{i,t+1}$ 是家庭 i 在 $t+1$ 期的消费水平，v 表示衰退概率或返贫概率。这里脆弱性指标的含义是，当衰退概率或者返贫的概率为 v 水平时，家庭 i 可能达到的福利水平。$Cvar_{itv}$ 的值越大，说明经历风险冲击后家庭留存的福利越大，贫困脆弱性越高。

2.2.3 脆弱性和贫困

脆弱性分析指出了“当今非贫困并不意味着明天不穷”。脆弱的程度取决于冲击进一步推动家庭在未来低于一个预定福利水平的可能性（Holtzmann et al. ，2002）。这可以表示在消费方面，虽然脆弱性的定义也涉及其他福利指标（Hoddinott，Quisumbing，2003）。然而迄今为止，脆弱性的含义在学术界仍然没能达成共识。但是从社会的角度或自然界的角度出发，无论是研究个体还是群体，脆弱性的内涵都应该包括以下三部分：第一，整体、群体、个体具有自身的不稳定性，会有所变化；第二，外界的冲击会使得这个群体容易波动；第三，外界的因素冲击这个群体、个体之后，会造成一定的负面影响。在我国，韩峥（2004）、陈传波（2005）、Zhang和Wan（2006）、陈成文等（2007）讨论了脆弱性的概念，认为我国低收入群体的脆弱性极大。赵威（2011）分析了岷江上游藏区的农户脆弱性并进行了测度。郃秀军（2011）等研究了中国农户贫困脆弱性的测度方法。

贫困脆弱性是指个人、家庭和社区在面临不断变化的外部环境不安全性和敏感性，以及在不利变化中应对风险冲击的能力。关于脆弱性与贫困的关系，伦敦大学生命周期研究小组的Moran，Caroline等教授就认为，贫困和脆弱性之间的区别在于“贫困”是一个静态的概念，而脆弱性度量的是一个动态的状态。脆弱性框架关注的研究重点是穷人抵抗风险和损害的资产能力。世界银行在20世纪90年代的研究中发现，80%以上的穷人并不是“总是穷”，而是“有时穷”，原因是当各种灾害袭来的时候，他们没有抵挡的能力，无法抵挡造成的损失，进而导致他们陷入贫困或者重新返回贫困。张国培（2011）研究了西南民族地区农户贫困脆弱性的影响因素。由此可见，脆弱性与贫困之间的区别非常明显，脆弱性强调的是未来的风险，是一个前瞻性的概念，因而在事前是无法观察到的，但却可以在事前估计出一个家庭或个人在未来因为各种风险而陷入贫困或无法脱离贫困的概率，即预测家庭或个人的贫困脆弱性。

2.3 文献述评

从已有文献来看，国内外学者从不同的角度对风险、脆弱性与贫困进行了初始性有益的探索，为本课题研究提供了借鉴，但对这一问题的研究从国际范围来看尚处于不系统的起始阶段，特别是在国外更加关注某一种特定风险对贫困的冲击，对于国内外学者们的研究结论存在一定的偏差，而且在一些领域还存在研究的空白，比如对农户的脆弱性和贫困相互作用的机理等问题的研究就是如此。从实证研究来看，在《中国农村扶贫开发纲要》划定“11 +3”个连片特困区后，扶贫新战略的重点部署在 14 个特殊片区。当前的实证研究对这些连片特困区农户面临的风险冲击、脆弱性的度量、脆弱性与贫困的相互作用研究非常欠缺，对不同片区的比较研究更是鲜见。本项目以我国连片特困区的农户为研究对象，对其面临的风险冲击、农户的脆弱性和贫困之间的作用机理进行合理的理论解释，进而提出治理我国连片贫困问题的新思路和新路径。

3 风险冲击、脆弱性和农户贫困的理论分析

3.1 风险与风险冲击

3.1.1 风险与风险冲击的内涵

人们在日常生活工作中都会面对各种各样的不确定性，从客观上讲，尽管风险带来的不确定性包含不利的方面和有利的方面，但大多数人往往将这种不确定性引起的损失或不利称为“风险”。对于风险的定义，理论界还没有一个共识，不同的人往往从不同的角度进行阐释，总体看来，目前主流的解释有三种：一是不利或损失发生的概率，把风险定义为损失机会，表明风险是在经济活动过程中的一种损失的不确定状况，是在这种情况下发生损失的概率，当这个概率在 0 和 1 之间时，是存在风险的，当这个概率等于 1 或 0 时，就不存在风险；二是结果的不稳定性，即事件结果波动性比较大，正是由于结果不断变动导致结果不确定；三是结果的不确定性，即风险总是和不确定性密切联系，不确定性是指行为人面对的直接或者间接影响经济活动、无法充分准确地加以计量、分析与预见的各种因素，这种不确定性分为主观不确定性和客观不确定性，不同个体的性格、经历和学识是影响主观不确定性的主要因素，客观不确定性是指实际结果与预期结果的相对差距，它可以通过统计方法加以度量。尽管这三个定义看起来相似，但是在相应的衡量风险的方法上，它们的差别还是很大的，而且根据规范的定义，它们之间是相互矛盾的。Hardaker（2015）指出，

前两个定义是通常意义下使用的，正规的分析采用第三种定义。[①] 根据以上两种定义，可以概括出风险是发生不确定性变化时给人们带来物质或精神上损失的可能性。导致人们物质或精神上受到损失的可能会是疾病、自然灾害、火灾、车祸，也可能是市场价格波动、国家政局动荡、国家产业转型等因素。

风险冲击（Shocks）一词主要是指风险给人们带来的不同种类和程度的损失，这些损失甚至会导致一个家庭因此而陷入贫困。这对在贫困线附近挣扎的农户来说，风险冲击带来的收入或者说福利上的损失可能不仅仅取决于风险冲击本身的大小、频次和冲击程度，还取决于农户自身抵御风险冲击的能力以及所遭受的风险冲击暴露程度。

3.1.2 农户遭受风险冲击的表现形式

在现实生活中，农户是生产者和消费者的结合，故其面临消费和生产的双重风险。这些风险包括生产成本和农产品售价的波动，其他的收入波动性以及自然灾难带来的损失，整个家庭投资获得收益的波动性，社会关系变动、政治动荡、税收和利率以及竞争的变化等。作为自然再生产和经济再生产交叉特征显著的产业，农业的生产经营者承受着市场和自然的双重风险。农户的风险冲击按照造成损失的范围分为个人家庭的风险冲击和共同风险冲击。其中，个人家庭的风险冲击又称为微观风险冲击，共同风险冲击又称为宏观风险冲击。[②] 例如，家庭某成员生病、死亡，属于微观风险冲击。微观风险冲击只影响某个家庭，其他家庭不受风险冲击的影响。在同一时间同一地区中的大量人群受到不同程度的影响就是宏观风险冲击，例如，恶劣的天气状况造成农田受损、市场波动等都属于宏观风险冲击，它的影响不局限于某一家庭而涉及广泛区域。经济风险冲击、政局变动、自然灾害风险冲击都属于宏观风险冲击范畴（见表3-1）。

---

① J. BRIAN HARDAKER. Coping with Risk in Agriculture: Applied Decision Analysis[M]. CABI Publishing, 2015:5-6.

② STEPHAN KLASEN, HERMANN WAIBEL. Vulnerability to Poverty, University of North Carolina [J]. Case Working Paper, 2007:2-3.

表3－1　风险冲击按损失范围分类

风险冲击类型	表现形式
共同（宏观）风险冲击	在同一时间对同一区域的家庭造成不同程度的财产或收入损失
个体（微观）风险冲击	对某一家庭造成财产损失

如表3－2所示，根据风险冲击的来源不同，农户可能遭受到的风险冲击类型有以下四种：农业风险冲击、健康风险冲击、经济风险冲击和社会风险冲击。农业风险冲击是人们在从事农业生产和经营过程中由于不利的天气条件和其他自然灾害造成的最终损失，包括洪涝、旱灾、台风、冰雹、泥石流、病虫灾害、牲畜疾病等；健康风险冲击则主要包括家庭成员丧失劳动能力、生病、发生交通事故甚至死亡等；经济风险冲击包括农产品价格下跌、通货膨胀、农产品运输储存成本暴涨等，经济风险冲击的一些风险暴露往往与洪水、干旱、虫灾爆发和其他自然灾害相关；社会风险冲击包括教育资源匮乏、移民搬迁、医疗卫生体系不健全、盗窃、与邻居发生冲突、离婚或家庭成员入狱等。

表3－2　风险冲击按冲击来源分类

风险冲击类型	原因细分
农业风险冲击	洪涝灾害、旱灾、台风、冰雹、泥石流、病虫灾害、牲畜疾病等
健康风险冲击	主要劳动力生病、发生交通事故等意外，劳动力死亡
经济风险冲击	农产品价格下跌、通货膨胀、农产品运输储藏成本上升
社会风险冲击	教育资源匮乏、移民搬迁、医疗卫生体系不健全、盗窃、与邻居发生冲突、离婚或家庭成员入狱等

由于农村家庭大多数都从事农业生产，一般来说他们尤其易受到干旱、洪水等农业风险的冲击，这些会造成农田受损、农产品产量下降、农产品价格波动，进一步造成经济风险冲击并导致农户家庭收入减少。当农户面临农业收入损失时，往往试图通过非农业就业、资产出售和借款去弥补损失。然而，贫困农户比拥有固定薪水的家庭更加依靠农业收入，这也正是他们在遭受农业风险冲击时更易出现损失的原因。

贫困地区农村大部分家庭的日常支出主要用于满足生活必需品消费，

并没有充足的储蓄或资产以抵御风险冲击。因此，在农村经常会出现因大病而一夜返贫的现象。农村家庭尤其是挣扎在贫困线附近的农村家庭本身的生活条件就不好，再加上健康风险冲击往往造成家庭主要劳动力生病、出现交通事故等，会使原本就生活质量不高的家庭失去日常主要劳动力和主要收入来源，并且家庭主要成员生病还会消耗大量的储蓄，影响其他家庭成员的生活水平，甚至会导致某些农户一夜返贫。

经济风险冲击中包含农产品价格波动造成的风险冲击。因此，经济风险冲击往往与农业风险冲击相关联。病虫害、泥石流、洪灾、旱灾等农业风险冲击的影响，往往会进一步导致当年相关农产品供给量下降，并造成农产品价格波动影响农户的农业收入。所以，经济风险冲击往往是农业风险冲击的结果，而遭遇两种风险冲击的农户更易陷入贫困。

农村中往往有红白喜事、请客随礼的现象，对于一些本身储蓄不足的农户来说，这类随礼事件较多会直接影响该农户自身正常的生活开销。农村家庭中由于父母外出打工，留守儿童疏于管教而犯罪入狱的现象也很多。农村家庭中的邻里冲突、离婚等事件都会对农户家庭造成社会风险冲击，并影响该家庭抵御风险冲击的能力。社会风险冲击本身会使某些家庭出现因劳动力缺失或无力维持家庭正常开销而导致的贫困。

3.1.3 风险冲击对农户冲击程度的影响因素

影响农户遭受风险冲击后的程度主要有以下三类因素：一是农户自身的特征；二是风险冲击的类型、遭受风险冲击损失的严重程度；三是区位因素。

（1）在农户自身的特征中，收入、财富积累量、受教育程度、职位以及家庭成员数量都是影响农户风险冲击程度的重要变量。例如，拥有更多收入和财富积累量的农户在面临同样的风险冲击时会更容易弥补损失，并且恢复到原来生活水平所需的时间也更短。拥有较高学历的农户更容易拥有从事非农业的工作机会，也更易获得缓解风险冲击的机会（如政府推出的公共扶持政策）。一个农民的家庭中从事农业的人数相对比外出打工的家庭成员数对于农户应对风险所采取的措施有更重要的影响。具体而言，一方面，外出务工会影响农户家庭的年龄结构，老人和儿童留在农村可降低其在面对风险冲击时的抵御能力；另一方面，外出务工为家里寄回的汇款又能有效降低风险冲击带来的负面影响。

（2）风险冲击的类型、遭受风险冲击损失的严重程度是影响农户风险冲击程度又一个重要因素。风险冲击可分为四类：农业风险冲击、经济风险冲击、健康风险冲击和社会风险冲击。而遭受风险冲击损失的严重程度由风险冲击造成的收入或财产损失的度量来决定。农户所遭受的风险冲击不大时，不会对农户的日常生活造成太大的影响；反之，若该冲击对农户影响巨大，农户往往首先会通过压缩日常开支、消耗自身储蓄、变卖资产、向亲戚朋友借款等初级形式应对风险冲击的影响。若这些初级应对措施也不足以弥补风险冲击带来的物质或精神损失，农户往往会通过向商业银行贷款、向保险公司购买商业保险、参与政府支持的社会保险等形式应对风险冲击。

（3）区位因素。区位因素包括农户所在村庄到省会城市的距离，它会影响农户获取劳动力市场和金融机构贷款的难易程度。而这些因素都会提升农户处理风险冲击的能力。如果省会城市的资本是容易获取的，则一个更大的劳动力市场使农户更易获得一份非农工作。由于非农收入的稳定性强于农业收入，可有效降低风险冲击对农户的影响。同时，更接近城镇，能更方便地获得城镇提供的金融服务和劳动力市场服务，以弥补农户所在地区金融资源不充分的不足。当然，如果一个地区过于依赖当地省会城市或中心城市，机会就可能变为约束，从而为经济危机埋下隐患。

3.2 贫困

3.2.1 贫困的定义

贫困是一个世界性难题，无论在发达国家还是发展中国家都普遍存在，已成为阻碍各国经济发展的不可忽略的重要因素，随着时代的发展进步，联合国将贫困列为新千年世界性的三大问题之一。如今为了使人民早日脱离贫困，相关工作人员进行了一系列的努力。在这些所展开的调研工作中，有些已经达到上百年的历史，同时一些爱国人士和工作者根据需求的不同，在贫困期间从不同的视角发现了问题。美国学者朗特里在其1901年的著作《贫困：关于乡村生活的研究》中指出：对于贫困的定义来源于一个家庭的总收入与支出的比例，家庭生活不能维持，无疑就陷入了贫困。如果连个人生活所需的必需品都不能保证，缺乏能力和经济资源不能保证家庭的生活，又怎么能说你不是一个贫穷的人呢？1980年世界银行给贫穷下过这样的定义：家庭、群体和个人没有一定的能力让社会对你表示认可，而那些能过充裕的日子、在舒适中能享用到美食和必需品并参与一些有兴趣的活动。在《世界发展报告2000—2001》中，世界银行将贫困归纳为以下三个特点：参与工作能力比较低，缺少经济活动所参与的机会；作重大决定时没有不一样的见解与发言权；在经济上容易受到较大的风险冲击，如一些疾病问题、国际金融危机等。从这些方面不难看出，贫穷不仅表现在物质匮乏、低水平的教育和健康状况方面，农村的生活比较单一，导致人们不但缺少一些好的发展机会，更无法得到生活条件的保障、安逸舒适的生活，遇到大问题、大疾病时手足无措。社会人员由此对人们表现出一种不信任，甚至剥夺基本生存能力的权利。综上所述，没有权利、较低的福利和生活质量产生的恐惧和脆弱就是贫困（世界银行，2001）。

20世纪80年代中期至90年代初期，研究学者发现经济增长和收入的不平等会使贫困问题趋于恶化，弱化个人脱离和改变目前的贫困。所以，Hanveman和Bershadker[①]提出了“净收入能力贫困”的概念（Net Earnings - Capacity Poverty，NEC）。NEC即成年人的体力和智力问题是需要充分利用的资源，尽管不能使得贫困线有效地增大。对此，有相关部门

① ROBERT HAVEMAN, ANDREW BERSHADKER. Self - reliance as A Poverty Criterion: trends in earnings - capacity povery, 1975 - 1992[J]. American Economic Review, 1998, 88(2): 342 - 347.

开展了许多有利的政策：在有利的资源下加大对人才的培养；使更多的人有更多的就业机会；通过不断地自我突围，让自身造成的各种束缚慢慢解开。做好扶贫开发工作，基层是基础。诺贝尔经济学奖得主阿玛蒂亚·森（1997）提出：能力的缺乏和收入的高低有着密不可分的关系，要想摆脱贫困就必须找到适合自己的工作。低收入是导致贫困人口获取收入能力所表现出来的问题，人力的不足、国家体系的不完善、人们对于收入丧失所让别人看到的软弱无力，这些都是不能忽视的问题。由此可以得出，贫困不仅包括绝对贫困和相对贫困，还有阿玛蒂亚·森提出的能力贫困。这就是著名的贫困三分法，对于贫困问题进行的一系列研究，需要先找出原因所在，再进行专门的针对方案来达到维持劳动者最低生活所需要的一定费用。表现出来的社会生活状况低下将体现出不同等级之间的差异，从不同贫困的原因、贫困人群的区域特征、贫困给不同人群带来的不同影响等方面去考量。

3.2.2　贫困的标准界定与贫困分类

贫困所体现出来的不同，除了教育的水平和人们的身体健康外，还体现在风险灾害对人们的影响和家庭基本需要不能实现的无奈。生存方式在各国之间也存在差异，不同国家对最低的生存消费的理解也不同。处于不同消费的城市与国家，由于人口规模的不同、时期的不同、地理位置区域的差异，扶贫的标准——贫困线也应该不一样。相同的贫困家庭在一定程度上却又有一个相同点：家庭总收入与支出比例差别不大，就是平常生活中的必需品消费和休闲娱乐时的支出比例需要大致相同，否则等比例的指数原则将会有差异。等比例指数原则将设立在购买一定必需品的家庭条件下，都会被认为是一样的贫穷或者富裕。有这样的规定：将用划定线的方式来体现恩格尔系数，按其中所占比例来体现食品的消费水平。并规定固定的划定线，划定线取决于在不同地方、季节、气候，从事不同行业的工作者所需要消耗的食品支出。世界银行认为人体内每天所需消耗的热量最低为 2150 大卡，而在营养学家看来这些往往是不够的，他们认为必须摄取

2400 大卡才符合我国营养的基本。此外，在许多宗教活动中，一些信奉宗教的仪式和宗教中花费一些不必要的开支成为许多家庭基本生活的负担。有些人甚至为了这种信仰使这些需要超过了生理需要。家庭成员和规模、年龄和性别对开支的影响也是比较大的。测量单位对于是以家庭还是个人为规模进行测量得出的数据往往有所不同。

世界银行对于 36 个发展中国家进行了一系列调查，在之前的调查中，以一些国家（印度、摩洛哥、埃及、坦桑尼亚）为例进行了以贫困线为基础的调查。调查结果显示，在一些国际贫困线城市可以计算得到 1 天只需要 1 美元，为了收集数据，2015 年世界银行便进行了更大规模的调查，在最贫穷的国家中求取了其平均值，决定将贫困平均值设为人均 1. 25 美元，“在有利的时间、空间里有关部门需要维持并不断提高人们基本生存中的必需品与消费”，这是中国国家统计局在共同商议下所下的定义。中国的贫困线在不断升高，由 1986 年的测算，我国对农村贫困人口所进行的扶贫政策标准提到了人均年收入为 206 元，当然，这无疑是国家统计局在对农户家庭消费收入和支出的情况下所计算得来的。在此之后，我国每年依据物价指数的增高而进行不定时调整，2007 年的贫困标准已由之前的 20 元上涨到了 1067 元，2008 年奥运会开幕之际绝对贫困线设定为 785 元以下的标准，786 ~ 1067 元将作为低收入人群的人均收入。1196 元则是在 2009 年表现出来的，利用这些人均收入对比日均 1. 25 美元的外国贫困线，将体现中国贫困线较低这个不容改变的现状。

摆脱贫困对于世界上任何国家而言都是一个值得为之坚持奋斗的目标，贫困对于任何国家的发展壮大都起着阻碍作用。改革开放以来，我国为实现社会主义社会，摆脱国家和百姓的贫困，党和人民都做出了不懈努力，站在国家经济发展的高度看待贫困治理问题，首先就是要了解这个问题，那么关于贫困的定义与理解，可以分为两种：绝对贫困和相对贫困。绝对贫困是指生存条件极差，甚至无法满足温饱的情况。相对贫困是指在相同时期不同人员的收入及财产差距，与绝对贫困的差别在于，相对贫困一般是生存条件已经满足，收入相对较少的社会人员与社会的整体收入平均水平相比处于低水平位置。相对贫困因其是一个相对概念，所以在任何国家都会出现，即便是发达地区也会存在。一般而言，相对贫困是由国家的经济不断发展，使得国内经济水平和人们的生活质量不断提高，那些与更加富裕的人员的比较上，体现出的相对贫穷，还有一种则是由国家经济发展导致的贫困线提高，从而在概念意义上定义的贫困。

世界银行对于相对贫困也有明确的定义：收入低于世界人口平均水平1/3的成员。而一些国家把收入低于平均水平 2/5 的人民看作贫困的人。还有一个概念是绝对贫困，绝对贫困是布恩和朗特里定义的概念。他们觉得无论是个体还是家庭，都需要相当的物质和服务来维持自己的生活，但是有的人还没有足够的物质和服务，缺乏一些收入来维持这些基本的生活需求。因为无法满足自己的生存条件，这种贫困也叫作生存贫困。生存贫困的人，在社会生活中虽然付出了劳动和有其他赚钱办法，但是仍然不能满足自己和家庭的基本生存需求。这种贫困在两个方面有所表现：第一，在消费上，这些贫穷的人无法维持在社会上生存最基本的条件，连起码的温饱都难以解决，因此劳动力再生产难以保证。第二，贫穷的人因资本不丰富一般不会选择去扩展生产规模，因此无法保证长时间的再生产。在我国理论上和实践中，贫困通常是指经济意义上的绝对贫困。2011 年我国最新的贫困标准是，农村家庭一年人均纯收入低于 2300 元人民币以下的为贫困人口。按照这一比例计算，中国还有 8200 万贫困人口，约占农村总人口的 13%，占全国总人口数的近 10%。[①] 在探讨区分绝对贫困和相对贫困时，有收入标准、能力标准和社会标准三个方面。其中收入标准是指农户年收入数额是否达到当地平均水平，这是衡量农户现实贫困的硬性指标；能力标准是指农户创造收入的能力，如家庭成员创收技能、牲畜及农作物的养殖和耕作的能力等，这是衡量农户潜在贫困的重要指标；社会标准又称公平标准，是指该地区为社会所有成员建立的各类公平机会，包括教育、医疗、卫生条件等，这是衡量农户在该地区内贫困程度的指标。根据收入标

① 转引自中国科学院《2012 中国可持续发展战略报告》。

准、能力标准和社会标准三个方面，相对贫困与绝对贫困可被划分如下（见图3－1）。

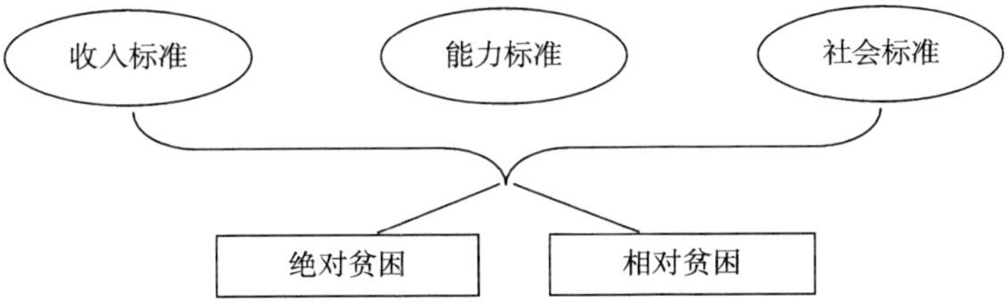

图3－1 绝对贫困与相对贫困的划分标准

3.2.3 贫困产生的原因

风险冲击往往会消耗农户的储蓄和自有资产，并增加农户的脆弱性，降低农户抵御风险冲击时的能力，在农户无法通过消耗自身储蓄、自有资产以及亲戚朋友间借款以抵御风险冲击时，农户就极易陷入贫困，甚至是长期性贫困。因为这些脆弱的农户没有更多增加收入来源的渠道和措施，不得不降低自身的生活水平，这样一旦面临风险冲击就极易陷入贫困。

对贫困产生原因的研究最早始于[①]英国研究人口的学者马尔萨斯。1789年，他出版了《人口论》一书，并在书中写出了自己的观念：人穷的原因在于自己。因为人一旦穷，就会多生几个子女，但是又没有能力抚养他们，导致自己的后代也变得贫穷，长此以往，便形成了一个循环。因此他认为，人口增长速度大于生产力的提高速度是经济增长过慢的重要因素，所以人们贫穷的原因，不在于外界原因而在于自己，是人口的过快增长导致了贫穷。

著名无产阶级者卡尔·马克思的看法和马尔萨斯不同。他认为所有的贫民都有一个共同特点：无产阶级。这些无产阶级的价值被资产阶级无情地夺取，导致了他们的贫穷，因此贫穷的原因在于资产阶级。R. 讷克斯[②]

① ［英］托马斯·罗伯特·马尔萨斯．人口论［M］．北京：北京大学出版社，1789：2－5.
② ［美］R. 讷克斯．不发达国家的资本形成［M］．北京：商务印书馆，1966：24－35.

提出了“贫困恶性循环”。他认为，不发达的国家在供和求方面存在一定的恶性循环，这是导致贫穷的原因。在供这个方面，人民的收入很少，因此并没有什么储蓄，储蓄过少就不会有很大的资本，没有足够的资本就不能提高生产能力，生产能力的低下会导致收入变得更少。再看求这个方面，人民的收入很少，导致资本不够，在资本不够的情况下就无法发展生产，生产的低下又让收入降低。而且供应和需求这两个方面是相互联系共同作用的，它们的存在，使得一个发展中国家在发展经济时不那么顺利，因此就会出现一个国家经济不再发展的局面。

讷克斯提出：一国穷是因为它穷。贫困恶性理论要从不同的角度看：第一，发展中国家没有足够的资本生产，长期满足不了需求，需求就会降低。可见足够的资本是发展的必要条件。第二，因为这是一个恶性循环，自己很难找到突破口，只有通过第三方的帮助来破解这个局面。所以，一定要用一种合适的办法来破解这种恶性循环。所以要通过第三方的帮助，也就是通过大量第三方的资本来补充自身的储蓄，然后拿出一部分资金发展生产，提高生产能力，只有这样，才能破解恶性循环，发展自身经济。在《不发达国家的一种低水平均衡陷阱》一书中，纳尔逊认为不发达的国家的人均收入较低，而且是恶性循环，收入基本不变。这些人的收入只够满足自己的生存需求，满足自己的生活后基本上没有什么储蓄，这个时候死亡的人数很多，所以人口并不怎么增长。但是一旦收入提高就会出现人口快速增加的现象，这样又变回以前的收入低下情况，这种现象叫作“低水平均衡陷阱”，是令发展中国家头疼的事。纳尔逊认为之所以不能增加人民的收入，是因为这样会导致人口的增长速度过快。因此，他认为要打破这种局面，就要加大投资，让投资的资金和发展的生产满足增长人口的需要，进而发展国家和人民的经济。R. 讷克斯的观点和纳尔逊的观点有很多相同的部分。一个贫困的国家，如果没有第三方的帮助，其经济就会一直保持低下，难以提高，陷入循环。一旦走出这种循环，经济就会不断发展，不再停滞不前，从经济低下发展成为经济发达的国家。

Robert Chambers（1983）提出了脆弱性分析的内部—外部分析框架，

指出脆弱性包括外部因素和内部因素，其中外部因素是一个人可能遭遇到的风险、冲击和压力等，内部因素是不擅长应对外部因素带来损失的能力和机制。农户内部因素和外部因素的脆弱性增加导致其更易陷入贫困。王俊文（2007）认为中国农村贫困问题形成的原因有四种：①环境原因。环境因素分为资源条件、环境条件和人口因素三部分，所处地理环境不利、自然条件较差是我国贫困地区贫困的客观原因，贫困地区的人们为了生存，就必须不断开发和利用自然，但是由于生产技术基础落后，不能对自然进行深层次的综合利用，仅能进行掠夺式的农业开发，忽视了生态资源与环境的再造，致使生态状况日益恶化，所以我国贫困地区的经济运行依然存在环境与经济的恶性循环，经济状况难以改变、人民生活水平难以提高的重要原因是人口增长过快，即“越穷越生，越生越穷”的恶性循环又是导致贫困的一大原因。②历史原因。例如，城乡二元社会经济结构，社会经济基础极度薄弱和城乡隔绝与工农分离政策导致贫困地区经济运行出现双重二元结构，这种双重二元结构的长期存在，在不同程度上影响着贫困地区的社会经济发展。③区域经济发展及政策差异性。从我国社会主义市场经济发展的历史进程、时间顺序来看，贫困地区经济发展显然要比经济发达地区落后得多，这种表现在经济发展上的落后性，必然会对贫困地区产生诸多不利影响。此外，不平衡区域发展政策对贫困地区的发展所产生的影响是双重的，如国家区域发展政策过于向东部倾斜，会导致中西部资源和矿产开发的滞后性，经济社会发展严重失衡，反过来最终又会成为东部经济发展的制约因素。④文化思想因素。从深层意义上来看，贫困的原因在于贫困人口长期形成的一定的生产方式、行为准则、价值观念体系等，如强烈的宿命感，正是因为这种贫困文化，牵制了人们的思维，束缚了人们的手脚，使之陷入麻木落后的精神状态，驻足贫穷荒野而难以逾越。[①] 唐丽霞、李小云、左停（2010）从社会排斥角度分析，认为多层次的不利条件使社会边缘化群众的脆弱性大大增加，导致其陷入缺乏维持最

① 王俊文．当代中国农村贫困与反贫困问题研究［D］．武汉：华中师范大学，2007.

低生活标准的能力，从而造成了这类边缘化群众的贫困。①

黄伟（2008）指出，农户在面临农业风险冲击、经济风险冲击、健康风险冲击、社会风险冲击的直接影响时，与风险冲击相比，拥有更多储蓄、家庭资产和社会保障等应对措施的农户能更好地抵御风险冲击带来的收入或财产的损失，这类农户的脆弱性就比较低，因此不至于陷入贫困。相较而言，那些脆弱性较高的农户就比较容易陷入贫困的境地。②

贫困是全世界范围内具有相通性的问题，总体来看，有关贫困理论的研究已经基本构成了时间和空间上多角度的立体研究维度，从研究结果上看，贫困作为一种人类社会中特定的状态，其存在会受到来自社会风俗习惯、经济、文化以及政治等各方面的影响，本书所讨论的贫困问题也正是基于这样的理论基础，对所研究的特定贫困主体，结合国情之后来进行深入研讨。

3.3 风险冲击致贫的路径分析及相关假说

风险冲击是导致贫困的一个重要因素。风险冲击对我国连片特困区的农户而言是一种脉冲式的动态冲击，由于所处的环境不断变化，各种风险冲击往往会导致农户出现直接贫困或间接贫困。

3.3.1 健康风险冲击对贫困的影响路径分析

国家卫生调查结果显示，在我国农村地区“因病致贫”“因病返贫”的现象普遍存在，这一方面是因为中国农村医疗保险机制的不完善；另一方面也是由于农户自身掌握的应对健康风险冲击的措施有限。在这种情况下，健康风险冲击对农户的影响十分巨大，可以分为直接影响和间接影响两个方面。直接影响首先表现在健康风险冲击尤其是大病风险冲击首先会导致病人在一段时间内丧失劳动能力，降低了该劳动力的收入水平。其

---

① 唐丽霞，李小云，左停．社会排斥、脆弱性和可持续生计：贫困的三种分析框架及比较［J］．贵州社会科学，2010（12）：4－10.

② 黄伟．风险冲击、脆弱性与农户贫困关系研究［D］．武汉：华中农业大学，2008.

次，其他家庭成员需要花时间和精力照顾该名病人，从而会影响整个家庭的收入状况，所以一名家庭成员生病不仅减少了自身的收入，还会间接影响到其他家庭成员的收入。间接影响表现在健康风险冲击不仅会影响当前家庭的收入水平，还会降低家庭在生产设备、子女教育等多方面的长期投入。其影响路径如图 3－2、图 3－3 所示。长期来看，会降低患病家庭的长期收入水平，最终导致恶性循环陷入贫困。

农户所遭受的健康风险冲击不仅会影响其收入水平，还会影响该家庭的消费水平。农户遭遇健康风险冲击时直接会导致家庭医疗支出费用大幅增加，基本生活支出就会相应减少。对于发展中国家来说，由于社会保障体系还不够完整，健康风险对发展中国家的家庭冲击比发达国家更为严重。由于没有完备的社会医疗保障体制，很多农户在遭受严重的健康风险冲击时，不得不通过压缩家庭的其他开支以支付昂贵的医药费。Gertler 和 Gruber（2000）研究发现，在非洲的一些落后贫困国家中，一个家庭遭受健康风险冲击，会使家庭中妇女的消费水平明显降低，另外，遭受健康风险冲击的农户家庭的享受资料消费要比其他家庭低大约 51％。①

根据以上分析，可以通过家庭的收入与消费水平变化分析农户是否陷入贫困。也就是说，健康风险冲击先是作用于收入和消费，再由收入和消费的变化影响贫困。下面分别从收入和消费两个角度分析健康风险冲击对贫困的影响路径。

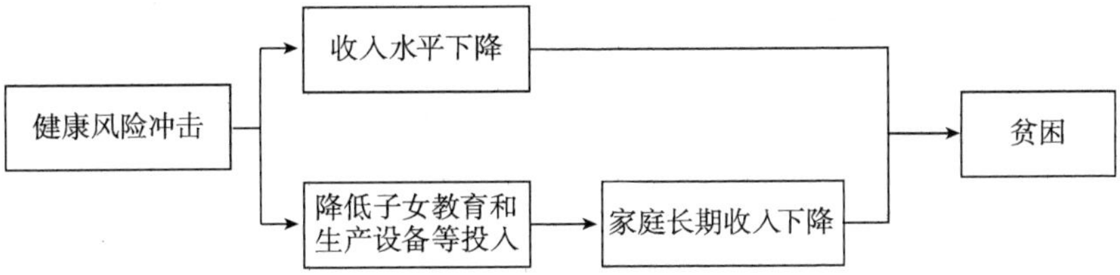

图 3－2　健康风险冲击致贫路径（1）

① Gertler P. and J. Gruber. Insuring Consumption against Illness[J]. American Economic Review, 2002(92):717－732.

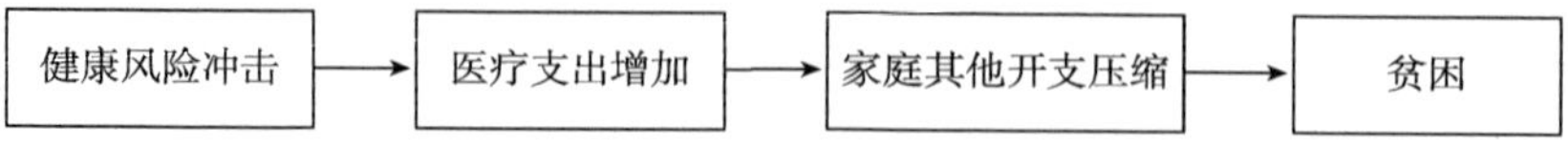

图 3-3　健康风险冲击致贫路径（2）

也可以从另一个角度分析健康风险冲击的致贫路径。一个家庭贫困与否往往与该家庭的未来期望收入波动情况有关。① 首先，健康风险会影响家庭未来收入的期望值。家庭收入的期望值必然取决于家庭成员的劳动能力，一个家庭的劳动能力越高，相对应的收入期望值就越高。健康风险明显会影响到家庭成员的劳动能力，由于家庭成员健康问题，很多原本能够从事的工作无法继续进行，就算能够从事，其工作效率也会因为健康风险冲击而降低，这样未来收入的期望就会降低。其次，健康风险会影响到家庭未来收入的稳定性，即使未来收入的方差会增大。健康风险会使家庭未来收入的波动性变大，例如，一名家庭成员得了心脏病，在他不发病时可以和健康的人一样工作，当心脏病发作时，这个人就会暂时停止劳作，从而影响到病发时期的收入。由于发病时间的波动性，会使未来收入的不稳定性变大，也会提高家庭未来陷入贫困的概率（见图 3-4）。

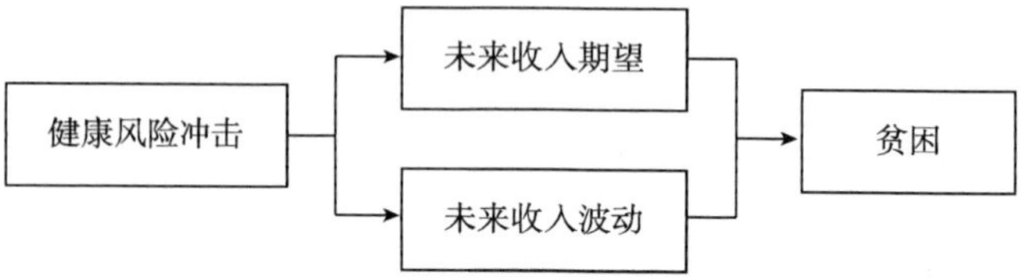

图 3-4　健康风险冲击致贫路径（3）

3.3.2　农业风险冲击对贫困的影响路径分析

农业是国民经济的基础，农业收入是农户一年的主要收入来源，农业又是一个靠天吃饭的行业，其生产依赖于水、土、光、热、气等自然条件，而这些自然条件是变化不定的，一旦发生自然条件的反常变化（农业

① 刘伟．健康风险对农户贫困脆弱性的影响及对策研究［D］．咸阳：西北农林科技大学，2014.

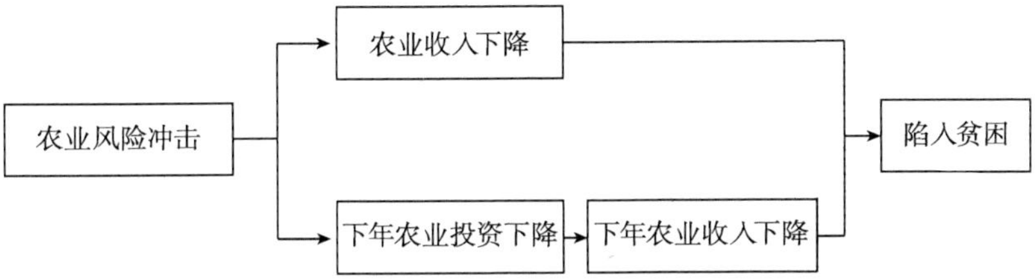

图3-5 农业风险冲击致贫路径

经常会受到洪、涝、旱、病、虫、鼠、草、风、暴雨、雹、冷冻等影响），便会形成农业灾害，造成农产品产量和质量的不确定性，所以农业收入常常具有不确定性和随机性。因此，农业风险冲击也是影响农户贫困的重要因素之一。农业风险冲击对农户收入的影响包括直接影响和间接影响。第一，在直接影响下，农业风险冲击往往会导致农产品产量下降，质量也比正常年份差，从而减少了农户当年的农业收入，导致农户因农业风险冲击而陷入贫困。第二，农户在遭受农业风险冲击时，农产品质量和产量的下降不但会影响当年农户的农产品收入，还会影响下一年农户投入到该农产品中的投资资金数量，从而影响之后年份该项农产品的收入状况。因此，从长期来看，农业风险冲击会恶化农户当年及未来年份的收入，从而使农户陷入贫困的境地（见图3-5）。

3.3.3 经济风险冲击对贫困的影响路径分析

经济风险冲击往往与农业风险冲击相关，农业风险冲击会导致农产品当年供给变化，从而导致农产品价格波动，产生价格冲击。经济风险冲击包括农产品价格风险冲击、通货膨胀、农产品运输储存成本上升等。其中，价格冲击的影响分为两个方面：第一，农产品价格上升对食品缺乏的农户而言会增加农户对食品消费方面的开支，降低农户的实际收入水平，从而加深农户陷入贫困的风险。第二，农产品价格上升使农户不得不压缩其他方面的日常开支，从而降低了生活水平和消费水平。从恩格尔系数方面来看，实质上是农户生活质量的下降，降低了农户抵御风险冲击的能力，从而增加了农户陷入贫困的风险（见图3-6）。

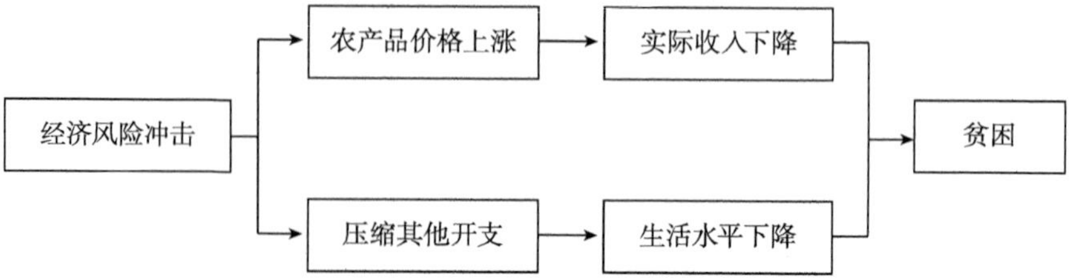

图 3－6　经济风险冲击致贫路径

3.3.4　社会风险冲击对贫困的影响路径分析

社会风险冲击包含的范围较为广泛，有关社会关系类的变故都可以称为社会风险冲击，具体包括家庭离婚、家庭成员入狱、经常性出席仪式所给的红包等。社会风险冲击对一个家庭的影响极大。家庭成员入狱，不仅会造成家庭的收入来源减少使家庭陷入贫困，还会影响家庭中子女的教育，缺少子女教育的家庭终究是不幸的，这往往会影响下一代的发展，并造成贫困的代际传递。家庭离婚后，一方往往不如夫妻双方工作收入多，收入的减少会使家庭生活质量下降，给予其他方面的投入尤其是子女的教育投入会下降，这往往会影响下一代人的受教育水平，并造成贫困的代际传递（见图 3－7）。

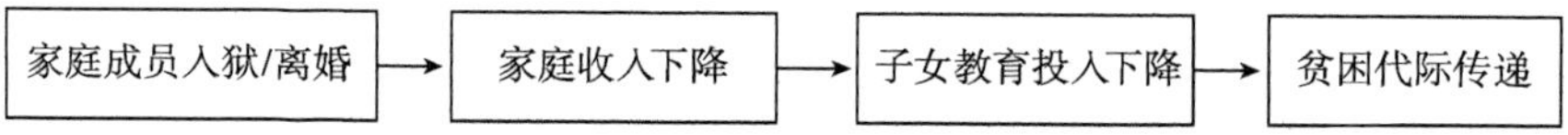

图 3－7　社会风险冲击致贫路径

3.3.5　相关假说的提出

基于以上分析，本书提出以下假说：

假说一：健康风险冲击和农户致贫之间具有显著性关系。

健康风险冲击对农户未来一段时间的人均纯收入会产生显著的负面影响。大病冲击对农户的中期和短期影响使得农户收入下滑。[①] 大病风险冲

① 高梦滔，姚洋．健康风险冲击对农户的影响[J]．经济研究，2005(12)：15－25.

击对农户的长期影响可达24年，对贫困农户的影响更为深远，并使农户陷入贫困的恶性循环。① 因此，健康风险冲击对农户致贫会产生显著影响。

假说二：农业风险冲击对农户致贫具有显著影响。

例如，冰雹、旱灾或泥石流等农业灾害所形成的农业风险冲击往往会导致农作物减产甚至绝收，并导致农户当年农业收入下滑，严重影响农户的正常开支，导致农户因作物绝收无法正常收回当年的农作物投资而出现贫困的境况。这一假设基本符合农户在面临农业风险冲击的实际情况。因此，农业风险冲击对农户致贫有显著影响。

假说三：经济风险冲击对农户致贫具有显著影响。

当产品前些年份生产有较大利润时，农户往往会在不了解该产品特性的情况下盲目种植某种农作物，导致该作物成熟时供给量过剩，产品需求不足以消化全部供给。产品价格一落千丈，造成农产品收入不足以弥补前期全部生产成本，在农业保险不健全、农户自身资产储蓄不充足的情况下，往往会造成农户出现亏损甚至负债而陷入贫困。这一假设基本符合农户面临经济风险冲击时的情况，因此经济风险冲击对农户致贫具有显著影响。

假设四：社会风险冲击对农户致贫具有显著影响。

家庭离婚、家庭成员入狱等都会对一个家庭的收入、家庭成员内部的稳定产生风险冲击，这种风险冲击表面上会降低一个家庭的总体收入，使该家庭的生活水平被迫下降。从深层次来看，会使该家庭成长的孩子疏于父母的管教而接受不到良好的学校教育，缺少生存技能，造成贫困的代际传递，影响下一代的身心健康。

3.4 脆弱性的内涵及其阐释

脆弱性是一个多学科的研究对象，在不同领域有不同的定义方式，且

① 高梦滔，甘立，徐立新，等．健康风险冲击下的农户收入能力与村级民主[J]．中国人口科学，2006(1)：21－32，95.

研究的切入点也各有不同，得益于不同的学科对脆弱性长期的研究，脆弱性的定义也愈加丰富，将不同学科对于脆弱性研究的特点结合起来，我们能够得到综合准确的脆弱性的定义，因此，在探讨脆弱性的定义之前，我们首先从几个主要学科的角度，进行脆弱性定义相关研究的梳理。

3.4.1 不同学科对于脆弱性的定义

（1）经济学对于脆弱性的定义。经济学对于脆弱性的定义，是指在一定的风险条件下家庭福利的变动情况。家庭福利的变动一般以财产的形式进行衡量，即一个家庭面对风险冲击时消费或收入的损失情况。消费和收入一般用货币的形式来表示，因此在进行比较研究时，往往可以划定一定的标准来评判一个家庭脆弱性的大小，这个标准使用最为广泛的是贫困线。经济学中将贫困区分为长期贫困和临时贫困，如果一个家庭暂时处于贫困线之下，则为临时贫困，如果一个家庭长期处于贫困线之下，则为长期贫困。① 但贫困并不是衡量脆弱性的标准，一个家庭长期处于贫困线之上，但脱离贫困线的程度不高，外界条件一旦不利于该家庭，其收入或者消费就会低于平均水平，即低于贫困线。在经济学中，家庭贫困程度越高，脆弱性越大。经济学对于脆弱性定义的贡献在于将物质资本和经济资本纳入研究脆弱性的范畴，建立了最基本的研究影响和决定脆弱性的相关因素的研究框架。

（2）社会学对脆弱性的定义。脆弱性的研究是随着贫困内涵的拓展而进入人们视野的，贫困的概念由仅仅包含收入贫困扩展到多维贫困，研究的视角也从经济学扩展到社会学等学科，其中社会学家 Robert Chambers (1992)② 提出了脆弱性分析框架。经济学家以货币的形式表示贫困的概念，也就是收入或者消费不充足的状况，即使有的经济学家用福利来描述贫困状态，由于福利无法直接进行测量，也更多地利用收入和消费作为间

---

① 高艳云，马瑜．多维框架下中国家庭贫困的动态识别[J]．统计研究，2013（12）：89－94.

② Robert Chambers and G Conway. Sustainable rural livelihoods: Practical concepts for the 21st century[J]. IDS Discussion Paper 296. Brighton, England: Institute of Development Studies, 1992.

接变量表示福利的变动。在社会学中，对于贫困的研究由物质层面拓展到了社会层面，不仅仅包括经济贫困，还包括政治贫困、社会关系贫困、文化贫困和社会福利贫困等方面，这几个层面构成了个体居民的“社会脆弱性”，与用消费和收入来衡量的“经济脆弱性”构成了较为完整的脆弱性概念。[①] 社会脆弱性是指社会群体、组织或国家暴露在灾害冲击下潜在的受灾因素、受伤害程度及应对能力的大小。具体来说，社会脆弱性概念至少包含这样几层含义：其一，它强调灾害发生的潜在因素所构成的脆弱性，潜在因素包括灾前特定的社会结构、社会地位或其他体制性力量等因素，如拥有社会资本越多，脆弱性越低；其二，它强调特定的社会群体、组织或国家暴露在灾害冲击之下易于受到伤害或损失程度的大小，即灾害对社会群体、组织或国家所形成的脆弱性程度，如富人的受灾概率小于穷人的受灾概率，脆弱性较穷人而言相对较低；其三，它强调灾害调适与应对能力所反映的脆弱性，应对能力越强，脆弱性越小，应对能力的大小由个人和集体脆弱性及公共政策决定。换言之，社会脆弱性既包含灾前潜在的社会因素构成的脆弱性，又包含受害者的伤害程度所形成的脆弱性，还包含应对灾害能力的大小所反映的脆弱性。另外，社会学最大的贡献在于拓展了对资本的认识，在脆弱性的研究范畴内，将资本这个概念从仅包含物质资本、经济资本，拓展为包含社会资本这一重要方面。

（3）灾害管理学对于脆弱性的定义。灾害管理学家认为，脆弱性是指个体或者群体遭受自然灾害影响程度以及从事件影响中恢复程度的度量。[②] 大量的灾害管理学学者从脆弱性与灾害之间的关系进行研究，即从人类个体面对自然灾害方面定义脆弱性。个体面对自然灾害冲击恢复能力越强，脆弱性越小；反之，脆弱性越大。自然灾害脆弱性是一个概念的集合，包含了三层含义：①在一定的社会背景下，暴露度较高的系统或单元因自身的内在不稳定性和准备不足而对灾害的干扰表现出敏感、易受损失并难以

① 周利敏．社会脆弱性：灾害社会学研究的新范式[J]．南京师大学报(社会科学版)，2012(4)：20－28.

② 梁恒谦，夏保成，刘德林．自然灾害脆弱性研究综述[J]．华北地震科学，2015(1)：11－18.

复原的属性；②系统或单元暴露于自然灾害下而容易受到损害的程度以及系统或单元防御、应对、适应自然灾害的能力；③脆弱性是某孕灾环境区域内特定承灾体暴露于自然灾害带来的压力与扰动下，因缺乏适应能力而导致的易受损害的状态。灾害管理学研究的角度是将个体放在一个系统自然社会环境体系之下，由于不同地域的自然地质条件和社会条件不同，遭受的自然灾害的频率和程度也不同，同时，不同地区的社会政治、经济体制、社会保障体系、人文素养等条件的不同，面对相同程度的自然灾害，其恢复能力也不同。而且个体的脆弱性不能仅仅利用暴露的外部风险进行衡量，也要受到内部风险因素的影响，主要包括敏感因素和恢复能力因素，这两个因素是个体自身资本构成和所处社会条件综合影响的结果。因此，灾害管理学对于脆弱性的研究贡献在于将外部因素（自然和社会条件）和内部因素（个体资本条件）结合来进行脆弱性定义和衡量，无论缺少哪一方面都是片面的。

（4）环境学对于脆弱性的定义。环境学最主要关注的是生态环境的脆弱性，也有很多文献涉及自然灾害与脆弱性的关系，如个人、家庭在自然灾害中遭受的损失。环境学家常指出某些物种是脆弱的，即濒临灭绝，而生态系统的脆弱是不可逆的。Ahmed 和 Lipton（1999）在估计脆弱性的时候考虑到了环境因素的影响。利用这个模型可以估计生态环境产生的影响。但这种研究对风险应对能力考虑较少。可以从家庭面临的风险和对风险的抵御能力两个方面理解脆弱性。家庭拥有各种资本，并可以用这些资本创造收入，再通过消费实现各种福利，而其中有可能存在风险，如风险的规模、频率等都会对家庭的脆弱性产生影响。

家庭在遭遇风险时并不是完全被动的，每个家庭都会用一些手段去预防和应对风险，降低风险给家庭带来的损失。风险发生前可以在事前对风险进行管理，降低风险发生的概率；风险发生后又可以通过变卖资产、寻找更多的就业机会以及通过人际关系和社会救助来应对风险。风险和应对风险的能力结合在一起，产生了最终的结果。一个家庭的脆弱性，就表现为家庭在遭遇风险后面临的损失。这种损失可以是多个方面的，既可以是收入和消费的低下，也可以是健康水平的低下、资产减少等。

（5）其他学科对脆弱性的定义。贫困动态学着重以结果为切入点将脆弱性定义为个体或者家庭陷入或者脱离贫困境况的结果；营养学将脆弱性定义为维持正常生活状态所需要的营养摄入不足的概率和遭受与营养条件相关的疾病和死亡的概率；环境学将脆弱性分解为风险暴露和应对能力两个维度进行衡量，将高风险暴露且低应对能力的群体划分为脆弱性群体。①

3.4.2 本研究对脆弱性的定义及其解释

不同学科都不约而同地将脆弱性和风险冲击相结合进行分析，本书给出的脆弱性定义是：面临一定的风险冲击时，家庭利用和掌握的风险管理手段有限，导致其未来福利下降的可能性增大。因此，我们可以得到脆弱性的三个特点：第一，脆弱性是一个事前的概念，不是以最后的结果作为衡量的标准，脆弱性体现的是未来福利的损失情况。第二，脆弱性是有时间属性的，是一个动态的概念，家户脆弱性会随着时间而改变，这种变化来自外在条件和自身资本积累两个维度。第三，进行脆弱性分析时，虽然是一个动态的概念，但还是需要一个普遍接受的平均标准，即以贫困线为标准，对脆弱性不同的家户进行区分，将脆弱性区分为高、中、低三个层次，以便于比较分析。本书进行脆弱性研究时也是从家户面对风险冲击的角度，将脆弱性分解为风险冲击、风险管理手段和结果三个部分来进行分析。

（1）风险冲击

如果把家户的生活概括为利用自身拥有的资本获取收入，通过收入实现各种福利。在这个过程中，每一个环节家户都可能遇到不同类型的风险冲击。风险冲击按照来源大致可以分为自然灾害、家庭变故、市场价格波动。这些风险冲击的规模、广度、次数、影响程度都会影响到农户家庭的脆弱性。风险冲击的脆弱性是逐渐积累进而演变造成的，风险冲击发生的

---

① 李莉，王晓婷，王辉．脆弱性内涵、评价与研究趋势综述［J］．中国渔业经济，2010（3）：161－169.

概率越大，农户脆弱性的程度增加越大，两者呈现出同向发展的关系。另外，农户脆弱性程度的提高，又会引发更多或者新类型风险冲击，两者会相互影响，呈现出螺旋上升的趋势。但风险冲击只是农户脆弱性的一部分，可以利用一定的风险管理手段规避或者达到最大化减少损失目的。

（2）风险管理手段

农户面对风险冲击时，可以利用来源不同的物质资本、金融资本和社会资本或保险等其他风险管理手段，采取一定的行为来规避或者减少自身的损失程度。风险冲击不一定会造成损失结果即贫困情况的出现，造成农户贫困最本质的原因是农户自身风险应对机制的缺乏，是农户在该时点利用掌握风险管理手段应对的动态反应结果。面对一个风险冲击的发生，如果农户自身没有有效的风险管理手段，他自身的境况就会遭到直接的威胁，并且对一定范围内具有相同特征的农户都会造成严重的经济和社会结构的损害，这样不可避免就会出现贫困的局面。反之，则能很好地控制风险冲击带来的负面结果，减少损失。因此，风险管理手段是农户脆弱性的一个重要的表现方面。从应对风险冲击的时点上划分，则可以分为事前的风险管理和事后的风险管理；按照风险管理方法的来源不同，可以划分为正式的风险管理和非正式的风险管理。这两种划分方式之间有交叉的内容，都反映了农户面对风险冲击可以利用的应对手段。

在非正式的风险管理中，农户利用自身所掌握的物质资本、金融资本和社会资本，来减少风险冲击对自身福利水平方法的影响。传统的底层农户最主要的管理风险方式是推迟他们的消费或者减少长期资本性投入以平滑消费。农产品收入是现阶段农户主要的收入来源，受教育水平较高的农户倾向于通过田地或者作物多样化来规避自然风险的冲击，并进行一定的物质、教育和人力资本的投资，使其后代能得到更好的物质和教育资源，从长期来看，能够显著降低脆弱性。随着新一代教育程度更高的新生代家户逐渐脱离单一的农业生产，进入发达地区，从事第二、第三产业，其收入来源进一步多样化，提高了其应对风险冲击的能力。由于我国特殊的农村宗族文化，非正式风险管理手段不仅来自家户自身收入、资产、生产活动等方面，还包括乡邻之间的借贷、人情互助等，其中最为显著的是通过婚姻来拓展家族脉络，以获取更多同宗族之内的帮助，家户不仅通过物质资本积累来应对风险冲击，社会资本也是其保护网建立的重要一环。

在正式风险管理中，风险管理手段是指家户利用行政机关或者通过商业机构得到的外在的物质资本、金融资本和社会资本，抵御风险冲击的手段。其主要来源于商业机构和政府行政机关，商业机构主要包括商业银行和农业保险机构，商业银行的小额贷款可以帮助家户提高平滑消费能力，促使家户提高长期物质和社会资本投资，从根本上提高抗击风险冲击的能力；农业保险将可能面临的风险冲击进行分散，能显著提高家户利用高投入、高效率的农业技术的使用积极性，提升家户收入水平，改善家户的脆弱情况。政府行政机关提供的风险管理手段有一部分是以公共产品的形式存在，对一定范围内的家户提供无差别的风险保护网。例如，生产队集体进行农业生产基础设施建设；集体所有财产的使用；国家层面的公共健康政策、教育政策、就业政策等形式。但由于各地政府财政状况和行政管理水平的不同，各地保护网构建情况参差不齐，差别很大。综合来看，如果家户缺少相关的风险管理手段，那么面对风险冲击时，可能遭受到严重的损失，其脆弱程度较大。

（3）结果

风险冲击和风险管理手段结合在一起，会导致不同家户不同的结果，如果家户面对风险冲击以后出现福利的损失，则可以认为脆弱性较强。这里所指的福利程度的减低，不仅指收入和消费能力的下降，还包括营养程度不良、家庭成员健康状况恶化、子女教育条件缺失、社会地位和社会权利受到排挤等情况。同时，家户的结果情况会对其家户行为和决定过程产生影响，使其避免预期收入较高但存在较大风险的行为，减弱其增加资本禀赋的能力，带来的直接结果是家户风险管理手段的进一步贫乏、脆弱性程度进一步增加。

综上分析，一个合理的脆弱性定义应该包括上面三个部分，其关系如图 3－8 所示。

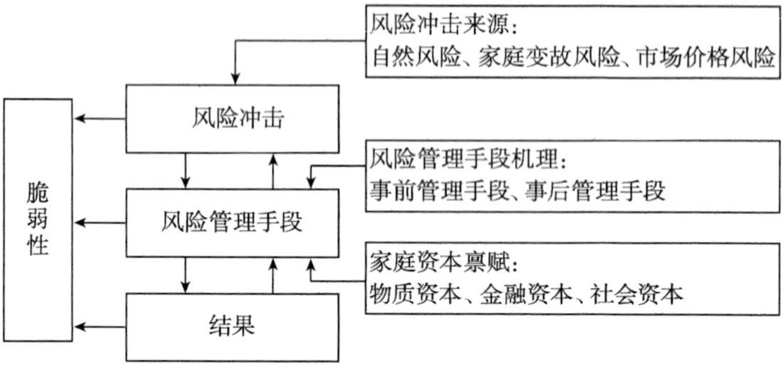

图3－8　脆弱性产生流程

3.5　农户贫困脆弱性及其变化

农户脆弱性是指面临一定的风险冲击时，由于农户利用和掌握的风险管理手段有限，其未来的福利水平下降。脆弱性是一个动态的概念，不仅体现在定义上，而且体现在农户脆弱性的状态是会随时间变化的，脆弱性的形成主要来源于以下两个方面。

3.5.1　风险冲击与脆弱性变化

脆弱性的定义包括三个部分，即风险冲击、风险管理手段、结果。农户通过劳动获得收入、进行消费从而获得福利的每个阶段都可能遭受风险冲击，这个过程可以通过这三个部分之间的相互作用来进行解释和说明。农户现阶段的家庭收入、资本情况包括物质资本和社会资本两个方面，农户的风险管理措施决定了农户所处的环境条件，在面对不同类型和规模程度的风险冲击时，农户所处的环境条件将会决定其自身平滑消费和其他支出的能力，即会引起农户自身福利变动的结果，农户未来面对的环境会受现阶段福利水平的影响，其中最显著的是农户对于长期资本投入的偏好选择，如子女教育投入、高效率农业技术的投入、人际关系的投入等，这些长期资本投入会造成农户环境条件的变化，脆弱性程度较高的农户面对风险冲击时，将面临福利水平的大幅恶化，面对生存唯一的办法是平滑现在的消费和投资，减少长期资本投入，而长期资本投入恰恰是从本质上改变其自身脆弱性程度的路径，在面临下一次相同程度的风险冲击时，自身环境条件由于上一次风险冲击而恶化，农户将面临长期贫困的局面，农户的脆弱性进一步加重。

农户容易遭受风险冲击的伤害，是因为其缺乏承受风险冲击的能力和抵抗风险冲击的手段。如果有紧急情况发生，农户没有资产来应对，即使有一定的资产，也会在应对风险中使资产耗费，把他们推入持久贫困，具体来讲：

当农户面临生计资产风险冲击时，农户的资产状况直接影响农户的脆弱性程度。这类风险是直接作用于农户资产，如健康风险冲击农户的人力资本；土壤污染、土地贫瘠化风险冲击农户的自然资本；通货膨胀风险冲击农户的资金资本；房屋失火等风险冲击农户的物质资本；失去亲戚朋友帮助的风险冲击农户的社会资本。如果农户在面临这些风险时，与风险相对应的生计资产比较优良，这类风险脆弱性就相对比较低，该农户就能很好地承受和抵抗，而不至于陷入贫困的境地；相反，如果该农户与风险相对应的资产比较薄弱，这类风险的脆弱性就相对较高，那么该农户遭受此类风险冲击时就很容易陷入贫困。第一类风险中的各小类风险同时冲击时，原理也一致。在遭受这类风险冲击时，生计资产起到承受和抵抗风险的作用。

农户的生计活动风险冲击，其对象是生计活动过程。根据这类风险造成的结果，可再细分成两类：一是这类风险损害的程度不大，并且可以逆转，农户可以通过配置自有的资产来承受和抵抗，如小规模旱灾风险冲击粮食生产过程，农户可以运用已有物质资本如抽水机或者用资金资本购买抽水机，抽取地下水来灌溉稻田，以降低风险冲击的影响；普通的虫害风险，农户可以运用资金资本购买农药来杀虫或者运用人力资本去捉虫，以减少虫害的影响；投资失败时，可以通过社会资本寻求亲朋好友的帮助或者出售一定的物质资本和自然资本来度过这个艰难的时期；人口生产过多，可以通过社会资本向亲朋好友借钱来完成人力资本的投资。在遭受这类风险冲击时，生计资产可以起到承受和抵抗风险的作用。二是这类风险损害程度太大，农户在风险面前基本是无能为力，无法通过配置自身的资产来抵抗这类风险，直接形成一个生计结果，这时生计资产就只能起到承受风险的作用，如特大洪水把快要收获的粮食全部淹没，能否从这个打击中走出来就看农户资产的承受能力了。

生计结果风险冲击有一个特点，因为生计结果处在生计系统的最末端，所以一旦这类风险冲击出现，就会直接影响农户的生计资产，会使贫困的农户更加贫困或脆弱。最常见也是最重要的一个生计成果是收入，如在国内经常出现的农民卖粮难的问题，产品销售困难，产品的价值也无法实现，或者产品市场价格下降，出现贱卖的现象，这就直接影响了农户的资金资产，使贫困的农户更加脆弱。

3.5.2 农户资本存量与脆弱性变化

（1）资本损失会导致农户脆弱性加重

农户所拥有的物质资本、金融资本、社会资本构成其抵御风险冲击的安全保护网，不仅能起到事前保护作用，而且在事后也能减少损失，农户通过所拥有的资本收入，能尽快恢复到原来的收入和消费水平。资本损失是导致脆弱性程度加深的主要原因，而且会导致农户贫困，风险冲击会造成极度贫困农户的关键资本的损失 ，使其陷入长期贫困。因此，这两方面都体现了农户资本存量对脆弱性的重要意义。一旦这些资本发生损失，就会影响农户的正式风险管理手段和非正式风险管理手段的使用。通过实际调研结果可知，许多资本损失都是由健康冲击导致的。首先，健康是衡量一个农户家庭人力资本的重要指标，家庭主要劳动力出现健康问题，对该家庭的人力资本有不可挽回的影响。其次，治疗疾病的费用数量大、紧急程度较高，因此，多数农户面临健康冲击时，会选择破坏性应对措施，即出售物质资本、借取高利贷等。破坏性应对措施带来的直接后果是资本流失，资本情况的恶化使得农户自身脆弱性程度加深，在面临下一次风险冲击时，有很大的概率陷入长期贫困。

（2）资产积累会减轻农户的脆弱性程度

资本的积累过程和拥有充分的资本存量能使农户家庭脆弱性减弱，并且脱离贫困。很多家庭无法积累足够的资本，是长期贫困的关键。农户家庭的收入主要由两部分构成：资本收入和劳动收入。其中，劳动收入在很大程度上受其拥有的资本影响。对于农户来说，资本积累是以获得更多牲畜和非农就业的能力为前提的，并且农户通过市场交易完成最后的积累。能否顺利地完成最后的交易活动是影响资本积累的重要因素。土地是中国农户主要的物质资本，在相同的土地拥有条件下，其他配套资本决定了农户可以获得收入的情况，如人力资本（受教育程度）、社会资本（灌溉措施）等。而获得非农就业收入取决于农户拥有的人力资本，贫困农户人力资本不足，导致其在劳动力市场得到的回报十分有限。

3.6 脆弱性和贫困

通过上文分析可知，脆弱性与风险冲击以及农户应对风险的管理手段相关，风险冲击程度相同时，有较强风险管理能力的农户受到冲击程度较弱，福利损失较小，陷入贫困的可能性较小。脆弱性的程度依赖于风险冲击的特点和抵御风险的机制，而这两点又依赖于农户家庭的资产情况。贫困农户的资本情况较差，抵御风险冲击的能力就较差，容易导致长期贫困。非贫困农户可以分为脆弱性较高的群体和脆弱性较低的群体。非贫困农户面对较大的风险冲击时，由于自身的风险抵御机制较弱而更容易陷入贫困，能够经受得住冲击的家庭不会陷入贫困。

3.6.1 两者关系的理论模型分析

国外学者 Carter 和 May（1999）认为，在不同的资本情况下，会有相对应的收入。因此，可以假设农户面对相同的政策环境和转移支付条件，收入受农户资本存量的影响。农户的收入直接决定了其消费支出情况，从另一个方面也间接决定了农户的福利水平。用 C_{it} 表示农户家庭 i 在第 t 期的福利水平，C^* 为贫困线，则贫困可以定义为：

$$C_{it} \leqslant C^*$$

根据上述分析，本研究认为农户的福利水平受资本存量的影响，用 Y_{it} 来衡量农户家庭 i 在 t 时期的资本存量水平，故我们可以得到：

$$C_{it} = f(y_{it}) \tag{3-1}$$

边际报酬递减规律同样适用于农户拥有的资本（Carter and May，1999；2001），福利曲线的形成会呈现出非线性的状态。前期资本存量较少，随着资本存量的逐步增加，福利水平上升速度较快，随着边际报酬的递减，福利水平上升速度逐渐减慢，因此，福利曲线的形状会呈现出先快速递增、后增速放缓上升的趋势（见图3-9）。

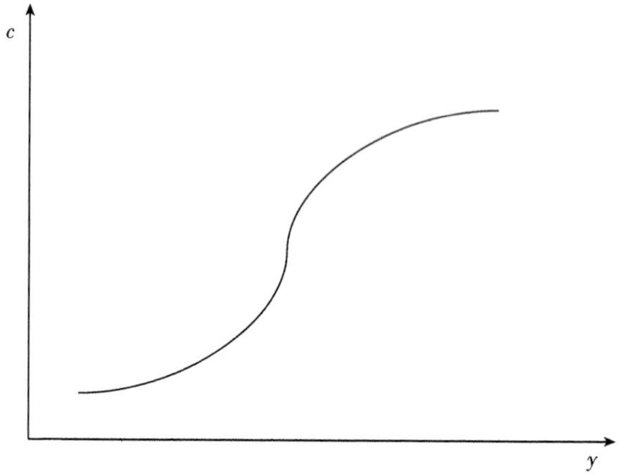

图3-9　农户的福利曲线

为了更好地分析贫困和脆弱性之间的关系，本研究引入收入贫困线和资本贫困线的概念，收入贫困线即传统意义上的贫困线所代表的农户福利水平，这里以世界银行选定范围的上限作为贫困线，也就是人均年收入360美元，每人每天1美元作为收入贫困线。资产收入线是指当农户的福利水平等于贫困标准所代表的福利水平时需要的资本存量，用公式表示如下：

$$y^* = \{y \mid Chat(y) = c\} \tag{3-2}$$

式（3-2）中的 y^* 是指资本贫困线，$Chat(y) = c$ 是指当福利水平是贫困线时所需要的资本量，如图 3－10 所示。

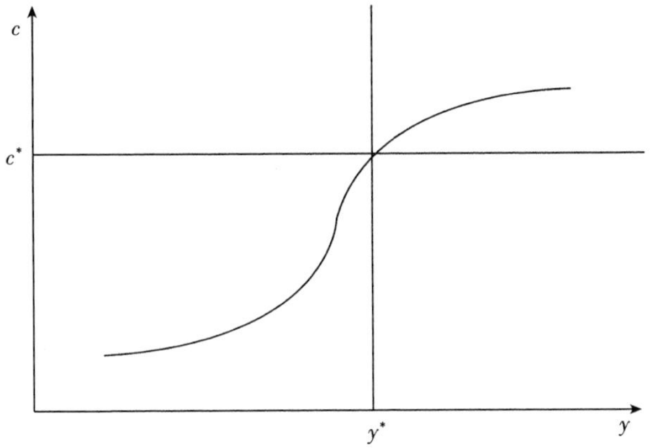

图 3－10　农户的福利曲线与贫困线

农户家庭在一段时期内可能会面临好的福利的改善，如获得补助、主要劳动力工资上升等，其福利水平会整体上升；如果农户家庭遭受风险冲击，福利水平就会整体下降。因此，可用与福利曲线相平行的两条曲线来衡量农户家庭面临两个方向不同福利水平的变化。

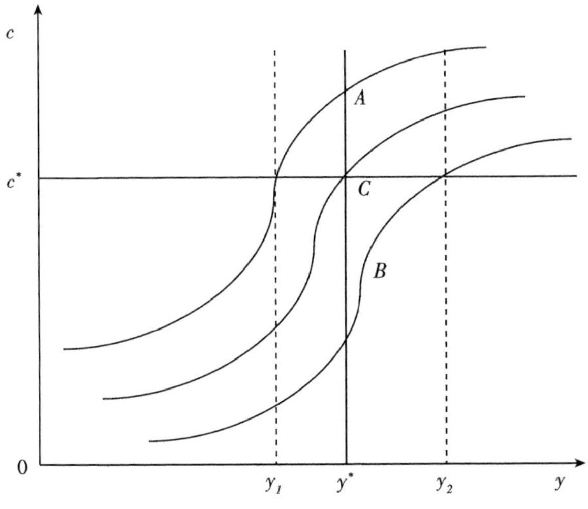

图 3－11　农户福利水平的上下变动

图 3－11 中，三条平行曲线代表一定资本存量的福利水平、福利水平

向下变化的下限和福利水平上升的上限。由于资本存量的变动和农户面对情况的不同，福利水平将会在上限和下限之间变动。如果一个农户家庭拥有 y^* 的资本存量，其福利水平为 c^* ，风险冲击和家庭获得补助等情况会造成福利在 A 点和 B 点之间移动，C 点是 AB 与收入贫困线的交点，AB 表示农户家庭福利水平变化的区间大小。若农户家庭获得补助导致家庭条件有所改善，则福利水平会落在 AC 之间，此时农户家庭将脱离贫困；若农户家庭受到风险冲击，其福利水平将会落在 CB 之间，农户家庭处于贫困状态。因此，农户家庭的脆弱性水平可以简单地用 $\frac{CB}{AB}$ 表示，实质上农户的一定资产情况福利水平变化上下浮动，用低于贫困线福利的范围占总体福利水平变动幅度的占比来衡量农户的脆弱性。同时，本书将贫困区分为三种类型，各个贫困种类的脆弱性程度也不尽相同：①资本存量在 0 到 y_1 区间的农户处于长期性贫困，该范围内的农户福利水平最好的状态也低于贫困线，因此其脆弱性为 1；②资本存量在 y_1 和 y_2 区间的农户处于短暂性贫困，这部分农户的脆弱性介于 0 到 1 之间，贫困程度越高，脆弱性程度越大；③资本存量大于 y_2 的农户稳定脱离贫困状态，其福利水平稳定处于贫困线水平之上，因此脆弱性稳定等于 0。这三种类型的贫困情况的脆弱性排序是：

长期贫困农户脆弱性 ≥ 临时性贫困农户脆弱性 ≥ 稳定脱贫农户脆弱性

3.6.2 脆弱性与贫困的区别

首先，贫困是静态的概念，而脆弱性是动态的概念。贫困是在一个时间点家庭情况的快照。脆弱性反映的是未来事件上的状态，如上文所分析，脆弱性也会随着时间变化。在某个时刻，一个家庭可能贫困且脆弱，但在另一个时刻，同一个家庭可能不再贫困，但仍然脆弱，或者可能不再贫困，而且不再脆弱。脆弱性的动态意义表现在它是一种基于概率的事前判断，既可能发生，又可能不会发生。随着家庭面对的风险冲击类型和程度、管理风险冲击的手段变化等，脆弱性的概况也会发生变化。

其次，脆弱性是事前概念，贫困是事后概念。对脆弱性的测度是通过不同方法进行预测或者估计，与此相反，贫困是可以在任何时点进行直接测度和观测出来的。

最后，不贫困不一定不脆弱，贫困的家庭也不是总是脆弱的。脆弱性是一个事前判断，是对于农户家庭面对风险冲击、陷入贫困的可能性描述。脱离贫困线是家庭在这个时点的状态描述。面对风险冲击，其有再次陷入贫困的危险。接近最低生活水平的偏远农户家庭，自身所用的资本存量极少，而且由于所处环境较为封闭，不会被外部政策环境的变化和市场因素变化影响，其脆弱性要比接近市场的同样贫困情况的家庭脆弱程度低。

3.6.3 脆弱性与贫困的联系

本项目研究的是脆弱性和贫困之间的关系，因此在研究两者之间的关系时，提出以下几个假设，待后面的实证部分进行论证。

（1）就贫困的农户更加脆弱

这可以通过以下几点进行阐述。首先，贫困的农户受到地理环境的制约，更易暴露在风险冲击之下，连片特困区更是如此。这些地区自然条件恶劣，生态环境脆弱，常常受到水灾、泥石流、干旱等自然灾害的威胁，农户也更加脆弱；从内在机理来看，脆弱的农户遭受的风险冲击更加严重，抵抗风险的能力更弱，使得农户的资产、收入、福利水平更低，即更加容易贫困。脆弱性较高，外部环境变化较频繁，生活状况因此而变得更加不确定和贫困。其次，贫困的农户预备处理风险的资产较少。例如，货币资金持有的动机之一就是预防性需求，而贫困农户的货币资金主要用于购买生活必需品，用于预防风险的货币资金少，这使其更加脆弱。世界银行2000年的报告指出“穷人面临的风险只是他们脆弱性的外在原因，更深层的原因是没有能力减少转移和应对风险”。再次，贫困的农户使用自有资产处理风险的能力较弱。预备资产是处理风险的前提，而有效使用这些资产才是目的，贫困农户受到自身客观条件的制约，难以充分利用自有资产去处理风险，导致其更加脆弱。最后，金融资产不易获取、利用程度较低。金融资产有助于提高收入、分散风险，俨然已经是现代社会发展的标志，但对贫困农户来说仍然是陌生的。例如，贫困农户很难得到信贷产品去处理风险，也很少为重要资产投保。

（2）相同类型的农户，脆弱性程度提高，贫困程度也会加重

按照农户的贫困情况，可将农户分为贫困农户和非贫困农户，处于相同状态的农户，脆弱性程度越高，贫困程度也越大。首先，脆弱性程度较高的贫困农户易陷入贫困性陷阱，脆弱性程度的加重，伴随着农户家庭资本存量的减少，即使国家出台一系列扶贫政策，自身也无法通过资本积累改变收入情况，收入和消费水平长期稳定处于收入贫困线之下，当出现风险冲击时，由于其自身拥有资本存量和使用资本手段匮乏，无法阻止收入损失和消费支出的减少，贫困程度进一步加深，无法摆脱贫困的状况。其次，脆弱性程度较高的非贫困农户，往往处于刚刚脱离贫困的状态，处于暂时性贫困和暂时性脱贫之间，正面冲击会使其脱离贫困境遇，一旦出现风险冲击，其福利水平就会下降到收入贫困线之下，面临临时性贫困的局面。

（3）农户所拥有的家庭资本对其脆弱性有较大影响

资本存量类型包括物质资本、金融资本、社会资本，构成了农户的正式风险管理手段和非正式的风险管理手段，并且两种风险管理手段也为农户提供了获取一定资本的渠道，即农户家庭资本存量越大，能够掌握风险管理的手段越多、越健全，在风险冲击的情况下，保证自身福利水平变化较小。另外，资本存量特别是物质资本和人力资本会直接决定农户家庭的收入稳定性和多少，即越是贫困的农户其脆弱性越高。主要表现为资本存量较少的农户本身收入非常少，维持正常的生产生活都很困难，这使得其自身应对各类风险冲击造成的灾害和损失的能力几乎为零，同时，该类型农户也没有投保应对自然疾病灾害保险的资金和意愿，在受到各类冲击时无法获得保险赔付。加之已经处于贫困状态的农户活动圈子相对狭小，可求助对象数量和援助能力都很少，当地政府的救助仅能维持其基本的生存问题。因此，资本存量较小的农户家庭易陷入贫困，而农户的贫困会放大

脆弱性，当农户再次面临风险冲击时，其承受能力会更低，也更容易陷入比之前更贫困的境地，从而形成一种恶性循环。

在不同的资本情况下，农户会有相对应的收入。假设农户面对相同的政策环境和转移支付条件，收入受农户资本存量的影响。收入又会决定农户家庭资本积累的情况，农户家庭贫困情况的衡量也是从收入和资本情况两个方面来进行，也就是说，资本存量会决定农户的贫困水平。

通过上述分析可知，资本同时影响农户的贫困和脆弱性程度。农户充足的资本保证了其脆弱程度较低，在面对风险冲击时，有很大的概率不会陷入贫困状态。而贫困减弱了农户积累资本的能力，相对提高了其脆弱性程度。

4 中国连片特困区农户的风险冲击识别及脆弱性特征分析

4.1 中国连片特困区贫困概况

4.1.1 中国14个连片特困区农户贫困概述

21世纪的第一个十年，中国农村扶贫开发成效显著。这十年间，我国基本解决了农村地区的居民基本生存问题和温饱问题，贫困地区人民的生产生活条件呈现出好转的趋势，农村地区也在不断完善其基础设施建设，经济和社会发展水平较以前也有了明显的提升，部分地区存在的生态恶化势头也得到了初步控制。

具体来讲①，首先，基本解决了贫困地区的生存和温饱问题。随着经济发展和社会进步的动态变化，国家也逐渐提高了我国农村地区扶贫标准，已经从2000年的865元提升至2010年的1274元。在这一新的贫困线标准下，农村贫困人口数量不断下降，2000年年底，贫困人口还是9422万人，到2010年年底，已经下降至2688万人。而且，我国农村贫困人口的比重也在不断下降，从2000年的10.2%降至2010年的2.8%。

其次，全面提升了贫困地区经济发展水平。随着贫困地区产业结构的进一步提升和地区特色产业的发展，地区的县域经济综合水平也进一步提升。这十年间，592个国家扶贫开发工作重点县人均地区生产总值不断增

① 国务院. 中国农村扶贫开发的新进展[R]. 2011.

长，已经从2001年的2658元增长至2010年的11170元，年均增长率为17%。而且，人均地方财政一般预算收入也进一步增加，从2001年的123元增加到2010年的559元，年均增长率为18.3%。农民的人均纯收入2001年为1276元，到了2010年增加到了3273元，这一指标的年均增长率为11%（未扣除通胀因素）。这些数据的增幅，均高于同期的全国平均值。

再次，明显改善了贫困地区的生产生活状况。十年来，我国对贫困地区基础设施建设的投入不断加大，多方位改善贫困地区的生产生活条件。2002—2010年，我国的592个国家扶贫开发工作重点县生产生活不断改善，新增了5245.6万亩基本农田，而且新建和改扩建了95.2万千米的公路里程，新增了3506.1万平方米的教育卫生用房，解决了5675.7万人的饮水困难问题，截至2010年年底，我国扶贫开发工作重点县农村有60.9%的农户可以饮用自来水和深水井的水，还有88.1%的自然村通上了公路，98%的贫困农户通上了电，92.9%的贫困农户通上了电话，也有24.9平方米的人均住房面积，88.4%的农户使用了旱厕和水冲式厕所。我国贫困地区农村生产生活状况得到明显的改善。

复次，贫困地区社会事业不断进步。农村地区义务教育逐渐加强，我国在这些地区开展的扫除青壮年文盲工作取得积极成效，截至2010年年底，上述592个县中，有97.7%的7~15岁学龄儿童已经入学，与全国平均水平接近；青壮年劳动力的受教育程度提高，他们的平均受教育年限已经增加到8年，有7%的青壮年人群文盲，相比2002年，这一比率下降了5.4%。新型农村合作医疗不断发展，已经达到了全覆盖，农村医疗卫生服务体系也不断完善，截至2010年年底，592个县的农户中，有93.3%的农户参加了新农合，91.4%的农户在生病时能够及时就医，每个乡镇都建有卫生院，大多数行政村都设立了卫生室。这些地区的人口和计划生育工作以及公共文化服务体系也得到了深化。

最后，贫困地区生态恶化趋势得以初步遏制。2002—2010年，国家对扶贫开发工作重点县进行了生态治理，到2010年，有14923.5万亩退耕还林还草面积、22643.4万亩的新增经济林面积。在这些地区中，饮用水水源受污染的农户比例不断下降，2002 年为 15.5%，到 2010 年时，已降至 5.1%。生活燃料不足的农户比例也不断下降，2002 年为 45%，2010 年已降至 31.4%①。

虽然我国扶贫开发取得了上述成效，如期完成了《中国农村扶贫开发纲要（2001—2010）》的目标任务，但我国的贫困分布格局又展现出“大分散、小集中”的全新特征，即绝对贫困人口在分布上向革命老区、民族聚居区、边远山区和省份交界区等区域靠拢。我国将这些贫困人口集中的区域统称为集中连片特殊困难区，简称为连片特困区。根据这种分布态势，《中国农村扶贫开发纲要（2011—2020）》明确划分了 14 个集中连片特殊困难区，包括秦巴山区、武陵山区、六盘山区、滇桂黔石漠化地区、乌蒙山区、滇西边境地区、大兴安岭南麓山区、燕山—太行山区、吕梁山区、大别山区、罗霄山区等，先前已明确实施特殊政策的西藏、四省（青川滇甘）藏区、新疆南疆三地州也包括了进来。这 14 个集中连片特困区共涉及 19 个省份的 505 个县，面积达 1.5 万平方米，人口为 2.28 亿人，其中农村人口为 1.96 亿人。从空间分布来看，主要分布在我国中西部地区，其中，西南地区和西北地区的分布密度最高、覆盖面积最广，不同连片特困区甚至相互毗邻。这 14 个集中连片特困区不仅分布面积广、人口规模大，而且贫困维度多、贫困程度深。集中连片特困区的人均地区生产总值、人均地方财政收入、农民人均纯收入三项指标远远低于全国和西部平均水平，仅分别为西部平均水平的 49%、44% 和 73%。2011 年，依据最新贫困标准计算，连片特困区贫困人口占据了全国贫困人口的 70% 以上，平均贫困发生率为 28.4%，比全国平均水平 12.7% 高出了 15.7 个百分点。此外，教育、健康、交通、住房、信息等公共服务体系建设非常滞后，加上相对比较脆弱的生态环境，连片特困区的自我发展能力缺乏，可持续发展能力也严重不足。

国家统计局的数据显示，按照现行的国家农村贫困标准测算，2015 年全国农村贫困人口共为 5575 万人，与 2012 年相比减少了 4324 万人，减少

---

① 数据来自《中国农村扶贫开发的新进展》白皮书。

了43.7%；农村贫困发生率为5.7%，比2012年下降了4.5个百分点。根据《中国连片特困区发展报告》，我国14个集中连片特困区的总体贫困发生率达到了28.4%，高于同时期全国农村平均水平22.7个百分点。而且，在我国贫困综合排名最低的600个贫困县中，有521个在连片特困区，占到贫困县的86.8%。到2013年，全国14个集中连片特困区农村居民人均纯收入5583元，比上年增加747元，增长15.4%，扣除价格因素，实际增长12.3%，增速比全国农村平均水平高3个百分点（见图4-1）。

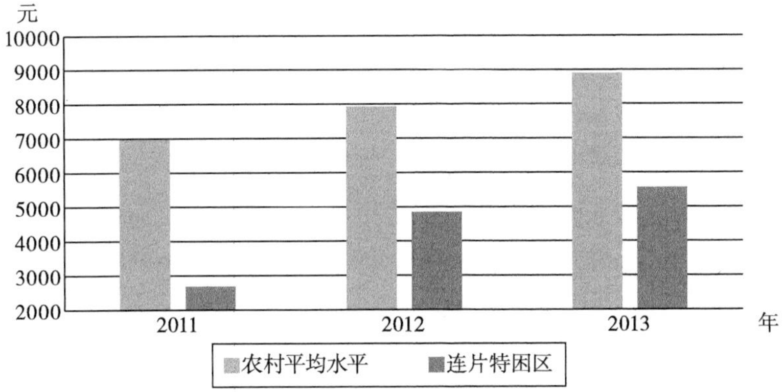

图4-1 2011—2013年农村居民人均收入变化

资料来源：国家统计局网站。

4.1.2 中国4个案例连片特困区农户贫困概述

我国地域辽阔，各地区地形、气候等自然地理条件差异较大，再加上连片特困区呈现出"大分散、小集中"的分布特征，使得每个特困区的贫困状况、农户面临的风险冲击以及贫困脆弱性特征各有不同，本项目选取秦巴山区、武陵山区、滇桂黔石漠化地区和四省藏区进行研究。

4.1.2.1 秦巴连片特困区农户贫困概述

秦巴连片特困区是我国18个集中连片贫困地区之一。秦岭大巴山耸峙在陕西、甘肃、湖北、重庆、四川、河南6省交汇地带，涉及24个地市，面积为22.5万平方千米。该特困区的自然特点是山地、丘陵居多，地形起伏较大，53%的面积被森林覆盖，交通不便，且大巴山有较大面积的石灰岩分布。受地形条件限制，该地区植被垦殖过度，山林遭到破坏，加上大型库区的修建，生态环境逐步恶化，地质环境也越发脆弱，秦巴山区作为中国六大泥石流高发区之一，自然灾害如地震、洪涝、泥石流、山体滑坡、干旱等频频发生，给当地的农业生产和农民生活造成了极大的不便。该特困区的人文特点是南北文化（中原文化与巴蜀文化）交汇，而且是少数民族聚居区，文化环境复杂，这种文化的交叉性与边缘性，使得该特困区的生活方式和地缘文化呈现出明显的地域特征，从而使其成为我国自然地理和人文地理的特殊区域。由于特殊的自然地理特征，秦巴特困区的自然资源包括水力、矿产以及野生动植物等储量都十分可观，是我国重要的水源涵养生态功能区和生物多样性保护区。然而，片区内的政府部门并未将如此突出的资源优势发展为显著的经济优势，从目前的情况来看，秦巴山区的贫困状况复杂，其中的国家级贫困县就达到72个，地区贫困发生率高于30%，还有47个革命老区县和16个未控制大骨节病县（占全国总数的1/3），因此秦巴山区依旧是我国开展扶贫工作的主要地区之一。其中，陕南秦巴山区就包含19个国家级贫困县，贫困人口高达190万人，涉及4万农户。如此庞大的贫困人口数量加上广阔的贫困范围，使得秦巴山区的可持续发展面临极大的阻力和障碍。2010年，秦巴片区城镇居民可支配收入为13155元，农村居民纯收入为3978元，仅分别为全国平均水平的68.84%和67.21%，城镇化率仅为30.4%，远低于全国平均水平49.95%。到2013年年末，秦巴山区GDP总量为2914.39亿元，人均GDP为7896.12元，与全国人均GDP水平43320.1元相比，秦巴连片特困区的经济发展状况远远落后于我国其他地区。

除此之外，秦巴连片特困区还是我国人口素质较为低下的地区，各种地方性疾病、特殊传染病以及弱智病症严重威胁着当地人口的身心健康，形成了大量身体、智力和文化素质低下的人口（见表4-1、图4-2）。一方面，该特困区是我国各种地方病的多发区和出生缺陷的高发区。碘缺乏病、地方性氟中毒、大骨节病和克山病等地方病威胁着全区86.3%区县的人口，其中陕西安康地区现有地方性克汀病患者1.3万人，疑似亚克汀病患者33万人，占地区总人口的11%。另一方面，该特困区也是我国弱智患病人群聚集区，不仅人数多，而且患病率高。仅安康、汉中、商洛等陕南的秦巴连片特困区就有近21.8万的智力低下人口，其中6.6万为弱智儿童，达到2.87%的患病率，远高于同期全国平均水平的1.07%。一些自然条件恶劣、社会经济落后的贫困山区，如陕西省柞水县、镇巴县、紫阳县，弱智人口占当地人口的比例分别为10.86%、7.26%和8%。此外，秦巴山区也是文盲半文盲人口较多、人口科学文化素质较低的地区，妇女的文盲率高达60%。如此众多的素质低下人口，不但无法创造财富，而且是地方经济发展的沉重负担，也是秦巴连片特困区贫困的最主要原因。

表4－1　秦巴连片特困区贫困状况

涉及省份	陕西、甘肃、四川、湖北、重庆、河南
国土面积	22.5万平方千米
2010年城镇化率	30.4%（全国49.95%）
2010年贫困发生率	30%以上
国家级贫困县	68个
2013年人均GDP	7896.12元（全国43320.1元）

资料来源：席恒，郑子健．秦巴山区区域社会可持续发展的问题对策［J］．西北大学学报(哲学社会科学版)，2000(2)：136－141.

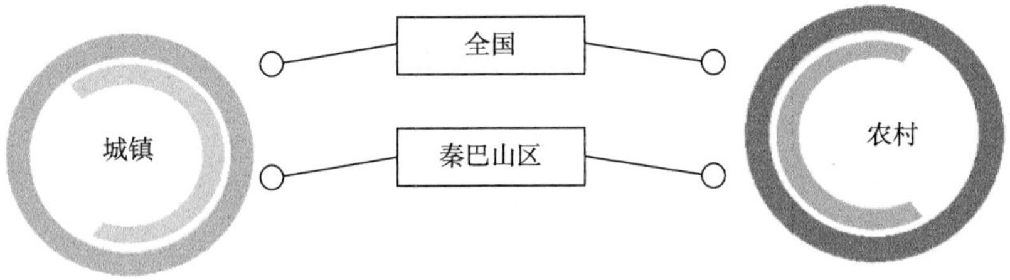

图4－2　2010年全国与秦巴山区人均收入对比

4.1.2.2　武陵山连片特困区农户贫困概况

武陵山连片特困区是我国第一个率先启动的区域发展和扶贫攻坚试点区，该地区以前是革命老区，也是民族聚居区，再加上贫困人口集中，成为贫困人口分布广、少数民族集聚多、跨省交界面大的集中连片特困区

（见表4－2）。武陵山特困区跨湖南、湖北、重庆和贵州4个省份，区域内有71个县，其中国家扶贫开发工作重点就有42个，省级扶贫开发重点县达到13个；同时，民族自治地方县有34个，民族自治县有18个。区域内的乡镇达到1376个，其中122个是民族乡，占乡镇总数的8.9%。面积17.18万平方米，人口3645万人，其中有853万城镇人、2792万乡村人口，世居少数民族有9个，包括侗族、土家族、白族、仡佬族和回族等。

表4－2　武陵山区贫困状况

涉及省份	湖北、湖南、贵州、重庆
国土面积	17.18万平方千米
2011年城镇人口	853万人
2011年农村人口	2792万人
国家扶贫重点县	42个
省级扶贫重点县	13个
2011年人均GDP	11858元
2011年人均纯收入	4132元
2011年贫困发生率	45%

资料来源：《连片特困区蓝皮书：中国连片特困区发展报告（2013）》。

武陵山区以喀斯特地貌为主，自然生态脆弱、气候恶劣，泥石流、风暴、雨雪冰冻等自然灾害频频发生，环境承载能力十分脆弱。一些山区水土流失和石漠化现象并存，生态脆弱现象严重。与此同时，山区和石漠化地区的土壤比较瘠薄，仅有0.81亩的人均耕地面积，占全国耕地面积平均水平的60%。如湖北省武陵山区，气候多变、灾害频发。区内地形复杂，海拔高差较为悬殊，受地形影响，气候的垂直差异和小气候特征表现突出，气候变化频繁对于生活在不利地形条件下的山区居民尤为不利。该地区山地占土地面积的80%左右。山地与低山峡谷、溶烛盆地相间分布，海拔高差大。喀斯特地貌广布广，石灰岩集中分布，溶洞、伏流较多，地质很不稳固，素有“十年九灾”“三年大灾”“一年多灾”之说。复杂的地形对贫困造成了多方面的影响。同时，湖北武陵山区属长江中下游暴雨较为集中的地带，再加上不少贫困村山高坡陡（海拔高差500米以上）、土地贫瘠（土壤中砾石较多、土层很薄、不保水现象严重）、生态脆弱，暴雨、洪涝、冰雹、干旱等自然灾害频发。灾害发生后，房屋、农田被冲毁，不仅对武陵山区贫困农户造成经济上的损失，甚至威胁着当地居民的生命安全。武陵山连片特困区的重庆部分地区还存在水土流失和石漠化等严重的生态环境问题。水土流失和石漠化问题导致片区内土壤瘠薄、人均耕地面积少。发展与生态保护矛盾尖锐，产业结构调整受生态环境制约大，成为该地区扶贫攻坚的限制条件。

因灾返贫、因病（残）致贫相互作用，导致“穷根”难断。有的贫困家庭由于自然灾害造成家毁人亡，或家中有人常年生大病、绝症，或身体智力残障，生产无力投入，收入微薄，家庭收支“拆东墙补西墙”。许多人有病无钱医治，小病拖、大病磨，病情越拖越重，逐渐丧失劳动能力，生活也越拖越苦，造成穷的更穷，因病致残、致死严重。

地方财力弱、保障体系不完善，政府的扶贫力量薄弱。在贫困地区，现有农村新型合作医疗和大病救助制度仍然是杯水车薪。如果家中有丧失劳动能力的成员，如有残疾人、长期生病或体弱多病的成员，对家庭没有收入贡献，医疗费用又居高不下，将导致家庭陷入长期贫困之中。武陵山连片特困区经济发展水平低，2011 年，武陵山片区内人均 GDP 为 11858 元、农村人均纯收入为 4132 元，仅分别为全国平均水平的 33.8% 和 59.2%，按照 2300 元的最新贫困标准计算，贫困发生率达到 45% 左右，远远高出全国平均水平。尽管 2003—2011 年武陵山片区的综合贫困程度有一定程度的下降，但相对于全国平均水平而言，其综合贫困程度仍然比较严重。其中，分片区层面，铜仁、湘西和邵阳片区的综合贫困最为严重，恩施片区和怀化片区次之，黔江片区和张家界片区则综合贫困程度最轻。

4.1.2.3 滇桂黔石漠化地区农户贫困概况

滇桂黔石漠化片区涉及云南、广西、贵州三省（区）的 15 个地（市、州）、91 个县（区、市），有集中连片特殊困难县 80 个；区域国土总面积 22.8 万平方米，总人口 3400 万人，分别占三省区总面积和总人口的 28.28%、25.88%，其中少数民族人口 2129.3 万人，占片区总人口的扶贫带来了很大的阻碍。

表 4-4　四省藏区贫困状况

涉及省份	四川、青海、贵州、云南
2013 年总人口	551 万
2013 年贫困人口	174 万
2013 年农牧民人口	350 万
2013 年国民生产总值	1711 亿元
2013 年财政自给率	14%
2013 年农村人均纯收入	4968.58 元
2013 年贫困发生率	28.3%（全国 5.1%）

资料来源：李卿．四省藏区金融扶贫调查［J］．青海金融，2014（10）：36-38.

表 4-5　2013 年四省藏区居民收入情况

	人口/万人	城镇人口/万人	城镇居民人均可支配收入/元	城镇化率/%	农村人口/万人	农村居民人均纯收入/元
四省藏区	551	155	18184.1	28.13	396	4496
青海省	578	272	19498.5	47.06	301	6169
甘肃省	2582	999	18964.8	38.69	1579	5107.8
四川省	8107	3516	22367.6	43.37	4561	7895.3
云南省	4687	1831	23235.5	39.07	2828	6141.3

资料来源：李卿．四省藏区金融扶贫调查［J］．青海金融，2014（10）：36-38.

四省藏区位于我国青藏高原和云贵高原地带，地势高峻、地形复杂，区域内山脉纵横，平均海拔 4000 米以上，大部分地区属于干燥、阴冷、多风的高原大陆性气候。典型的气候特征为平均气温低，夏季短而温凉，冬季长而寒冷，降水量少而地区差异大，缺氧、日照时间长、太阳辐射强，而且极易发生严重的气象灾害，如牧区常常发生雪灾、干旱和大风，这对牧业危害极大。由于热量条件差，牧草生长期短，青草期普遍短于 100 天。牲畜吃饱青草的日期短，掉膘期却很长，因此，藏区畜草季节不平衡、草料不足是当地畜牧业发展的制约因素。同时，藏区超载放牧现象严重，牧民以追求经济利润为目标，不重视草原的生态功能，滥用草场和草被资源，导致土地荒漠化现象严重，从而长远上导致畜牧业的发展受限。

与全国其他地区相比，藏区的基础设施条件差，很多资源都难以获得。四省藏区基础设施建设起步晚、发展慢，大多数地方水、电、路等必要的基础设施都很难满足，农牧民群众“出行难”“吃水难”“用电难”“通信难”等问题仍然突出。部分乡村公路是简易公路，道路通行严重受当地的天气情况限制，一些村甚至没有公路。大多数地区缺乏煤、气等基础生活燃料，主要靠捡牛粪来燃烧，一些乡村到现在还没有照明用电，仍使用煤油灯、蜡烛等。一些地区通信条件极差，靠牛和马运输或通信的现象依然存在。遇到严重的气象灾害如暴风雪，救灾物资运不进去，畜产品运不出来，危重病人得不到及时救治。基础设施的落后严重制约着当地反贫脱贫的步伐。

4.2 中国4个案例连片特困区农户的风险冲击

连片特困区复杂的自然地理环境、有限的经济发展水平、落后的基础设施建设和社会公共服务使当地农户均面临一定程度的风险冲击，包括自然环境风险、经济风险、健康风险、政策风险等。这些风险冲击或多或少都制约着连片特困区农户反贫脱贫的步伐，因此，分析连片特困区农户面临的风险冲击有着极其重要的意义。但由于自然地理和人文环境等方面的差异，各连片特困区存在的风险冲击既有共性，又有显著的差异性。对此，我们先分析四地共同面临的风险冲击，再详细阐述每个地区特有的风险冲击。

4.2.1 秦巴山区所面临的风险冲击

（1）生态环境恶化导致的风险。秦巴山区的自然特点是山地、丘陵居多，地形起伏大。受山地条件的制约，该地区的山林地区垦殖过度，植被破坏严重，生态环境逐步恶化。虽然生态移民工程在一定程度上缓解了生态环境的恶化，但搬迁之后又会再次引发污染，若不及时加以预防，对当地生态环境和搬迁户的生产生活造成的不利影响会更加严重。

（2）人力资本素质低下的风险。秦巴山区是我国人口素质低下状况比较严重的地区，这一方面是由于生存条件恶劣、基础设施薄弱、物质资本实力不强等原因导致的当地人口智力和文化素质低下；另一方面是由于医疗、卫生条件差以及地方性疾病、特殊传染病和弱智病症高发导致的人口身体素质差。对秦巴农村地区的抽样调查显示，贫困家庭劳动力受教育年限短，文化程度低，仅有 0.16% 的人上过中专，高中占 5.13%，初中占 23.52%，分别低于总体平均文化水平 0.43 个百分点、5.43 个百分点和 12.37 个百分点；34.78% 的读过小学，而文盲比率则高达 36.23%，分别高于总体水平 4.74 个百分点和 17.88 个百分点，在一些偏远落后的山区，文盲占当地总人口比例高达 50%，其中女性文盲更多，高达 70%。对该区域某三个贫困乡镇的调查显示，三个乡镇 15 岁以上人口中，傻、呆、痴等低智商人口为 206 人，占劳动人口的 1.70%。此外，在秦巴山区，人口逆淘汰现象和单向流动问题也十分严重，这更加重了当地优秀人力资源的匮乏现象，使秦巴山区的发展机会严重丧失，形成低素质、低能力、低收入的恶性循环。

（3）生态移民带来的风险。2000 年，秦巴山区自然保护区群开始建立。在这 10 多年里，不断的移民搬迁使很多居民失去了赖以生存的土地和其他资源，转而成为“生态贫民”。研究表明，生态保护区的建设在很大程度上影响了该地居民的经济收入水平与收入结构。根据对秦巴山区生态移民情况的调查，搬迁前，当地居民中虽有 61% 的人外出务工赚取收入，但仍有 32% 的人在家务农。但搬迁后，从事这两种劳动的人口比例分别变为 81%、5%。这些都表明，首先，生态移民工程导致很多移民的生产劳动方式发生了显著改变，可耕种土地面积的减少使得在家务农的农民数量急剧下降。更重要的是，调查显示，许多移民并不习惯这种变化。这一问题如果不能彻底解决，当地农民的收入状况将会越来越差。其次，在生态保护区之外，大量的生态贫民为维持生计不断开垦土地，进行农业生产，因而出现了小批连片的土地荒漠化现象，影响环境的可持续发展。最后，生态贫民生活区周边出现的家庭式工厂、作坊等排放的废水废气也增加了环境的负担。

（4）金融支持不足带来的风险。首先，金融支持不足在生态移民工程中表现为搬迁资金不足，搬迁后生产和生活的金融支持不足；其次，对贫困居民的金融支持不足，贫困农户贷款难问题突出，农村信用社经营中的非农化倾向明显。这都使得秦巴山区农民在生产和生活中资金匮乏，使其生活无以为继，减缓了当地的脱贫进程。

4.2.2 武陵山区所面临的风险冲击

（1）自然灾害风险。武陵山区位于生态脆弱地带，生态环境脆弱，自然灾害频发。武陵山区地表崎岖，普遍存在地下河沟和熔岩漏斗，地表水分流失严重，蓄水能力弱，容易受到干旱的威胁。与此同时，该区域人为地破坏植被加剧了水土流失，造成更大面积的石漠化现象。由于土壤侵蚀和土地石漠化不断加重，可耕地面积和质量也在减少，土地成为十分稀缺的资源，人地矛盾加剧。多数贫困地区地处偏远深山和高寒地带，生存环境恶劣，再加上人为的某些不合理的开发活动，使各类天灾与人祸同时发生，以农业为主要产业的该地区将面临严重的生产损失，以农业为主要收入的农民会受到严重影响。

（2）落后的观念所带来的风险。武陵山区环境闭塞，落后的小农经济导致了农户思想和观念的落后。他们安于现状、不思进取、固守传统、自甘落后、甘于贫穷，这种缺乏理想和追求的滞后的价值观念是当地脱贫的极大阻碍。如果任由这种观念继续发展，当地的脱贫速度会更慢，也是对国家扶贫资源的一种浪费。

（3）医疗卫生体系不健全带来的风险。武陵山区卫生体系不健全，贫困人口“看病贵、看病难”。湖南武陵山地区人均教育、卫生、社保和就业支出仅相当于全国平均水平的40%，每个村平均不足1所卫生室。贫困人口素质本身就不高，若健康水平也不高，就会使得贫困地区人力资源存量更少，人力资本的缺失会成为当地发展的制约因素，脱贫进程将面临极大的不确定性。

（4）农户土地资源被占用导致的风险。各级政府在扶贫产业上都想了一”型。2008 年，藏区三种产业产出总值和所占比例分别为第一产业 191.18 亿元（17%）、第二产业 493.68 亿元（44%）、第三产业 440.14 亿元（39%）。与全国平均水平（10.3%、46.8%、42.9%）相比，四省藏区第一产业占比过高，部分地区三次产业结构更加不合理，以青海省黄南藏族自治州为例，其 2014 年的三次产业比重为 29.19∶36.05∶34.76。此外，四省藏区第二、第三产业对经济社会发展的促进作用有限。藏区的基础产业是农牧业，非农牧业收入在人均收入中占比较低，在第一产业占比过高的情况下，第二产业却以资源输出型占主导，第三产业以旅游业为主，发展迟缓，且对当地经济结构的调节力度不够。产业结构以农牧业和初级加工为主，附加值不高。长此以往，如此失调的产业结构，将会使特困区的地工业发展严重受阻，农业发展也因缺乏科学技术和高素质劳动者而难以升级，区域性贫困发生的可能性增大。

（4）社会管理成本过高带来的风险。藏区城镇经济功能较弱，现代城镇的经济辐射作用发挥不出来，许多县区的财政自给率低，与内地县域相比，藏区县区人口密度低、经济发展落后，但社会管理机构却与内地规模相当，非生产性财政支出比重居高不下，造成了单位管理成本过高的现象。以 2013 年为例，当年四省藏区一般公共服务支出占财政总支出的 23%，高于四省平均水平 13.2 个百分点，然而其中地方财政本级收入占比仅为 13.9%。在这种状况下，当地财政不仅拿不出资金投入扶贫，还会增加社会供养负担，社会管理部门丧失了其主要功能和先天职责，导致地区更加贫困，减缓了当地的脱贫速度。

（5）忽视法律的反贫带来的法律风险冲击。目前，我国反贫困主要通过政策来执行，政策比较灵活，但缺乏法律的强硬和持久性。由于没有专门的反贫困法，在反贫过程中存在规制不当的现象，例如，管理部门多，政策混乱，政府多个部门都有反贫困资金的管理和分配权，不利于项目的审定，也易造成管理混乱；政府在反贫困过程中存在设租行为和不公平现象；真正的贫困户和弱势群体并未得到扶持；反贫困监督评估机制缺失，扶贫资金去向不明等。由于信息不对称，贫困的农牧民并不能监督政府的扶贫工作，在遭遇不公平时无处申诉，若任由此种状况发展，藏区政府的公信力将会降低，社会安定难以保障，对当地反贫进程也是极大的威胁。

(6) 社会资本弱化带来的风险。社会资本的核心是一种社会关系网络或社会资源，或者是指在使用稀缺资源时社会支持网络所体现的能力和作用。从现有研究中总结出的社会资本的特征出发，封闭性和同质性是藏区贫困农牧民社会网络的突出特征，而这种封闭性和同质性又导致藏区农牧民的社会资本不断弱化。社会资本的弱化，使得贫困农牧民形成了超稳定的生产和生活方式，进一步加剧了藏区的贫困。藏区农牧民内部居住比较集中，生产、生活方式一致且稳定，由此形成了统一的价值体系，这种贫困居民的稳定性使其与外部沟通更加困难，是当地脱贫进程中的极大阻碍，也是政府扶贫工作最难排除的障碍之一。

4.3 中国4个案例连片特困区面临的主要风险冲击总结

本部分对前文总结的各地区风险冲击进行分类，并着重分析各地区共有的风险类型。前文已有的各地区风险分析此处不再赘述。

(1) 自然风险

此处的自然风险主要是指生态脆弱性风险，即因自然地理条件恶劣给当地农户带来的生产生活上的风险冲击。在前文分析的基础上，总结出4个特困区的自然风险既有共性又有差异，具体如图4-3所示。

(2) 社会风险

此处的社会风险既包括上文提到的与人文社会环境相关的风险冲击，又包括4个特困区共有而前文尚未提及的风险冲击。

选取的4个连片特困区都面临教育资源匮乏和人口素质低下导致的风险。教育资源缺乏是导致特困区贫困人口受教育水平低的原因之一。以武陵山区为例，武陵山片区每个村平均不足1所学校，师生比为1∶20。湖南湘西第五次人口普查的资料显示，该区人均受教育年限仅为6.8年，比湖南省少1.3年；拥有大学文化程度的人每10万人中1914人，平均比湖南省少1012人；小学文化水平的有44148人，比湖南平均水平多5878人；

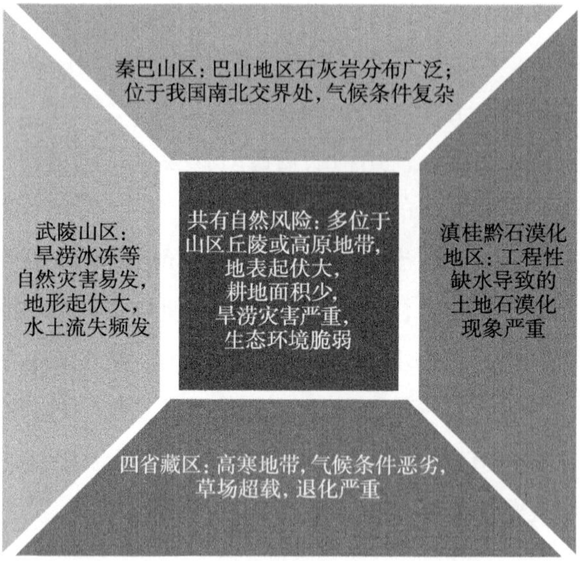

图 4－3　4 个特困区自然风险共性与差异

文盲人口占全州人口的 9.6%，高出湖南省平均水平 4.89 个百分点。该区域农村地区的文盲人数甚至更多，农民文化程度也更低，更严重的是，农村青少年辍学比例逐渐上升，新的文盲人口就这样产生了。由于受教育水平低、缺乏必要的职业技能，当地居民难以通过到大城市转移就业而脱贫；若因为教育资源匮乏而造成贫困的代际传递，特困区的发展将陷入一个恶性循环，脱贫的进程会更加缓慢。

受教育程度低导致当地人口素质低下，一方面，他们难以正确掌握和应用新兴的农业技术，对市场信息了解不足，农业发展仍遵循传统的技术方法，不利于农业产业的发展，农产品产量低、市场竞争力小，难以获得较高的利润；另一方面，人口素质低下表现在当地居民诚信丧失、价值观和道德观念扭曲、理性和信任缺乏、社会成熟度低下等各方面，是对当地社会稳定性的极大威胁。

此外，特困区医疗卫生状况差，看病难的问题普遍存在。因生态环境保护和其他原因实施的移民搬迁也广泛存在于 4 个连片特困区，如前文所述，移民搬迁给农户和当地经济社会均带来了一定的负面影响，阻碍了特困区脱贫的进程（见图 4－4）。

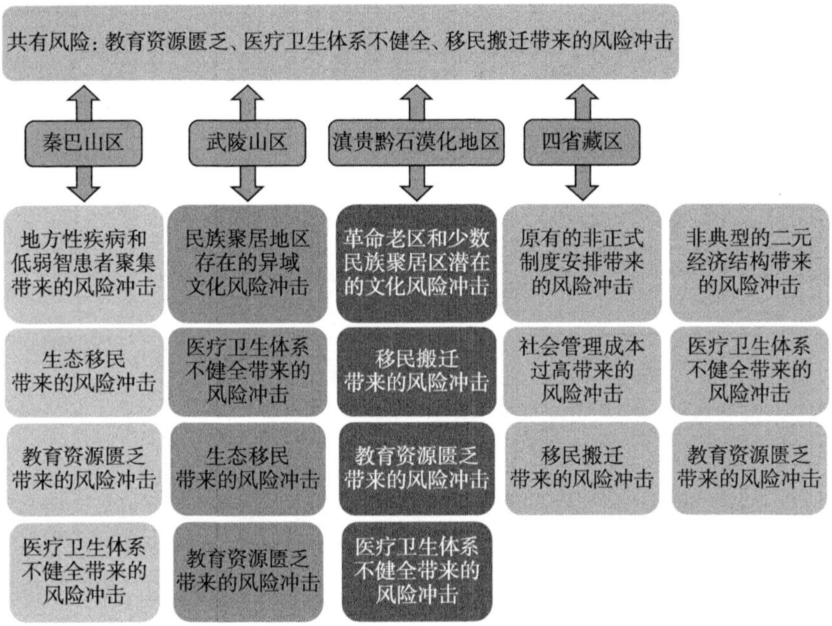

图 4－4　4 个特困区社会风险共性与差异

（3）经济风险

4 个特困区多数地区位于山区或高原地带，受到大城市的辐射程度低，第一产业比重偏高。

同时，特困区农村经济与小农经济相似，农户生产经营活动呈现出分散化的特征，缺乏专业的农业组织，也没有优势或特殊产业支撑，出售的产品以初级产品为主，产品附加值极低，容易受到市场波动的不利影响。此外，单一的生产和缺乏多样化的收入来源，使得当地农户的自我发展能力弱、收入增速更慢。加之农村地区缺乏便利的仓储运输条件和先进的农产品交易程序，导致经济效益更加低下。上述市场风险因素在各个特困区均有不同程度的涉及，由此导致农民增收和抵御市场风险、自然灾害的能力弱。

除市场风险外，4 个连片特困区在不同程度上均面临农产品价格变化、金融支持不足带来的风险冲击、农户土地被占用导致的风险冲击以及劳动力流失导致的风险冲击（见图4－5）。这几种风险冲击在各地区的表现形式较为类似，此处不一一展开叙述，可参考2.2相关内容的分析。

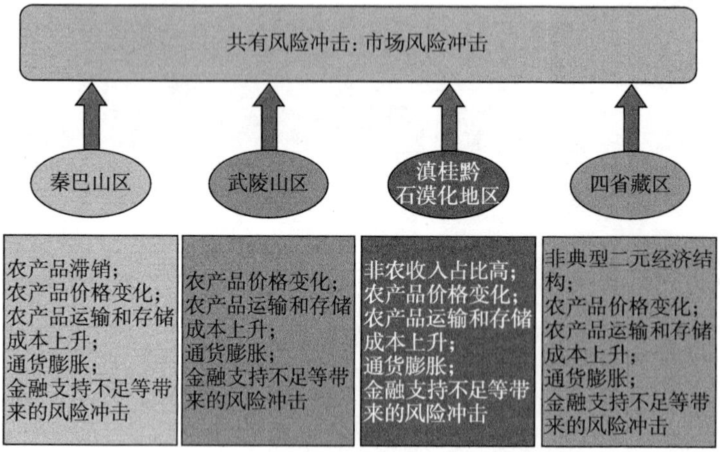

图4－5　4个特困区经济风险共性与差异

（4）政治风险

4个特困区共同面临的政治风险主要是指扶贫监督机制缺失和扶贫政策规划存在的风险。扶贫监督机制缺失会产生潜在的风险。目前，各个集中连片特困区在扶贫的政策措施上、贫困地区的开发与保护功能工作上以及扶贫资金的筹措和分配等方面存在较大的问题。体制机制的不完善使得扶贫开发成为某些企业过度开发资源赚取利润的借口，反贫资金的使用不当、政策措施的漏洞导致反贫工作迟迟未见效果，并没有建成扶贫的长效机制。扶贫政策流于形式，并未真正给当地居民带来巨大成效，长此以往，政府的公信力会降低，更不利于集中连片特困区居民脱贫。除此之外，特困区区扶贫政策规划不够理想，可行性较弱，实施也不到位。以滇桂黔石漠化地区为例，在制定基础设施补助办法和标准时，未能考虑到石漠化地区地形地貌现状而统一制定单位里程投资标准；在上报扶贫项目时要求地方财政有配套资金才予以批准，但未考虑石漠化地区财政力量薄弱、没有财力进行基础设施投资、只能依靠上级转移支付的资金等，诸如此类的政策会导致石漠化地区基础设施建设资金不足、工程进度缓慢，甚至产生基础设施建设项目中途搁置的现象，浪费人力、物力、财力，也不利于保护生态环境①。

（5）技术风险

技术风险包括农业科技水平低带来的风险冲击，4 个特困区均存在此类风险。贫困县区科技投入不足，产业发展规模小、市场化占有率低、竞争力不足、缺乏龙头企业的示范和带动、因农民素质低而导致的科技成果推广应用缓慢等一系列因素导致以农牧业为主要产业的特困区农业发展水平偏低，农民收入增加缓慢，尤其是没有其他收入来源的农民完全依靠农业收入，容易受到气候条件和市场状况的影响，收入不确定性大。农业产业科技含量低使地区脱贫面临很大的风险。

除此之外，技术风险还表现为特困区缺乏风险预警技术和风险管理技术。农户由于受教育水平低、视野狭窄等自身原因，很难识别、管理和防范其面临的风险；与此同时，缺乏专业的基层农业科技人员和相应的农技组织也使得特困区风险预警不足，从长远来看，预警机制的缺乏不仅阻碍农户减缓风险冲击，更不利于特困区整体的脱贫进程。

4.4 中国4个案例连片特困区农户的脆弱性特征

4.4.1 秦巴连片特困区农户的脆弱性特征

秦巴山区地处我国自然环境的十字交叉地带，是我国所有连片特困区中内部差异最大的地区，区域生态环境复杂多样，气候条件差别极大。同时，该地区还是灾害易发多发地区、大型水库区和重要的生态功能区。山区内部差异显著、致贫因素复杂、贫困人口众多，农户面临风险冲击时表现出较高的脆弱性。

（1）农户生产生活方式差异较大，面对冲击难以相互照应。秦巴山区

① 黄启学，凌经球．滇桂黔石漠化片区贫困农民可持续生计优化策略探究[J]．西南民族大学学报（人文社会科学版），2015(5)：30－37.

位于气候敏感区，秦岭是我国著名的地理分界线，南山为北亚热带，北山为暖温带。因此，秦巴山区南部是北亚热带季风气候，山区北部及其以北地区属于暖温带半湿润季风气候。气候的差异使得秦巴山区不同片区农户的农业生产活动存在明显的不同，难以统一形成规模效应。例如，粮食作物种植方面，秦岭以南主要以水稻种植为主；秦岭以北，主要以小麦种植为主。再如，就陕西省水果种植而言，秦岭以南以柑橘种植为主，秦岭以北以苹果种植为主。另外，片区农户生活方式差异较大，秦巴山区是中原文化和巴蜀文化的交汇区，受不同文化影响，农户之间存在不同的特性。当风险发生时，农户始终处在相对孤立的状态，难以统一并联合对抗风险。

除了生产生活方式，秦巴连片特困区区域内发展差异较大，支撑当地发展的产业还很薄弱。片区内部的差异性极大，片区东部地区和西部地区之间、城镇地区和乡村地区之间、平原地区与山地地区之间发展差距巨大。片区中的农村地区，尤其是那些深山腹地、高海拔山地地区的发展极度迟缓。陕南地区、巴中地区等存在大范围的赤贫现象。2010 年，秦巴特困区内人均地方财政一般预算收入最低的县收入水平仅为平均水平的 23.2%，农民人均纯收入最低的县收入水平仅为片区平均水平的 45.7%。片区内资源分布不均匀，两级化发展形成的差异极为明显，城乡二元结构矛盾十分突出，涉及的各省中心城市距离片区内贫困地区较远，辐射带动作用明显不足。旅游、农业等特色产业的开发程度不高，基础配套设施配备极不完善，产业发展的链条还不完整，资源上的优势没有转化为地区发展的强大动力。

（2）农户面临严重的季节性暴雨。秦巴山区自南向北气候多样，变化复杂。每年的降水集中在 7—9 月，暴雨导致的洪水每年都会引起滑坡、崩塌、泥石流等自然灾害。山区由于季节性暴雨引起的灾害具有类型多、范围广、发生频率高和危害严重的特点。例如，2002 年 6 月，陕西省发生特大暴雨灾害，致使陇海线灞河铁路大桥被洪水冲毁，位于秦巴山区的佛坪县、宁陕县局地 24 小时降雨量达到了 206.5 毫米，引发了严重滑坡、泥石流灾害，造成 400 余人失踪死亡，经济损失约 5 亿元。以汉中市 2011—

2012 年暴雨发生情况作试评估（见表 4 -6）。

表 4 -6 汉中市 2011—2012 年暴雨过程试评估

时间	持续时间/小时	过程雨量/毫米	平均雨量/毫米	最大雨量/毫米	综合评估指数	试评估
2011. 5. 21	1	50. 0	50. 0	50. 0	0. 166	一般降雨过程
2011. 7. 5—6	2	175. 7	87. 9	107. 0	2. 225	特大暴雨过程
2011. 7. 26	1	50. 6	50. 6	50. 6	0. 186	一般降雨过程
2011. 7. 29	1	54. 9	54. 9	54. 9	0. 329	一般降雨过程
2011. 8. 4	1	68. 6	68. 8	68. 6	0. 783	较大暴雨过程
2011. 9. 17—18	2	131. 8	65. 9	77. 6	1. 280	重大暴雨过程
2012. 7. 29	1	82. 0	82. 0	82. 0	1. 227	重大暴雨过程
2012. 8. 31—9. 1	2	151. 8	75. 9	88. 3	1. 685	重大暴雨过程

同时，由暴雨所引发的山洪、山体滑坡、泥石流等山地自然灾害具有速度快、强度大、突发性强、成灾迅速、散布范围广的特点，往往会造成片区农户的生命财产损失。例如，2007 年 8 月 30 日 5—10 时，秦巴连片特困区内的佛坪县普降大到暴雨，县域内的局部地区受到了特大暴雨的冲击。佛坪县城城区周围 3 小时持续降雨量达到了 150 毫米，降雨量最大时，1 小时降雨量达到了 68 毫米。时间短、体量大的暴雨在短时间内迅速形成了诸多次生灾害，山洪、滑坡和泥石流等对县城城区造成了极大的破坏。多股山洪、泥石流快速涌入县城，最高达 1. 5 米，县城内多处房屋被冲毁，城区街道淤积量达 3 万立方米。暴雨严重损害了市政基础设施，暴雨和次生灾害冲毁、堵塞排洪沟及排水管 6322 米，检查井、雨水井 430 眼，佛坪县区内的供水、电力等系统全部中断，通信也受到了极大影响。整个佛坪县城在短时间内就陷入半瘫痪状态。据统计，全县 1. 3 万人受灾，紧急转移安置 4000 人，因灾死亡 2 人，受伤 3 人；倒塌房屋 600 间，损坏房屋 2000 间，进水房屋 5700 间①。

频发的季节性暴雨和暴雨引发的泥石流、滑坡等次生灾害对秦巴山区

① 谢兴发. 秦巴山区山洪、泥石流灾害的防治措施初探[J]. 陕西水利，2010 (2)：132 - 132.

农户造成了较大的影响。秦巴山区农户在面对这类自然灾害时，表现出了较强的脆弱性，片区内因灾致贫、因灾返贫的现象十分普遍（见表4－7）。

表4－7　陕西省2011—2014年暴雨引发次生灾害统计

	2011	2012	2013	2014
发生泥石流灾害次数/次	18	21	12	
洪涝、山体滑坡泥石流受灾面积/千公顷	369.9	209.3	199.0	143.2
洪涝、山体滑坡泥石流绝收面积/千公顷	65.4	28.1	49.0	27.0

资料来源：国家统计局官网。

（3）农户维持生计能力薄弱，致贫原因复杂。农户维持生计能力薄弱具体表现在生计资本的单一或多元型缺乏。如图4－6所示，就秦巴连片特困区农户占有的物质资本而言，表现为生产工具、交通工具匮乏、住房质量差。片区农户的住房质量相对落后，山区腹地的个别村落还存在不通水电的情况，夏季多雨，山洪泥石流等自然灾害对农户造成了极大威胁。就金融资本而言，若将获得信用贷款规模或者获得补贴的机会作为衡量农户金融资本的标准，那么秦巴山区农户的金融资本同样相对匮乏。缺少抵押资产，难以获得商业银行贷款，生活状况难以改善，生产规模难以扩大。国家各项补助只能维持最低生活保障，难以实现脱贫目标。就人力资本而言，根据秦巴山片区的具体情况，我们可以把人力资本指标细化为成年人受教育程度、家庭整体劳动能力等因素。秦巴山区成年人受教育程度一般，山区部分成年人未受过高中以上程度的教育。就家庭整体劳动力而言，年轻人多外出务工，留在山区的老人和孩子无法作为主要劳动力开展生产活动。同时，秦巴山区农户家庭劳动力相对单一，若农户家中唯一劳动力因疾病、工伤等原因丧失劳动能力，农户家庭将失去主要的经济来源。就社会资本而言，秦巴山区因交通不便，处于相对封闭的状态，山区腹地与外界的沟通极为不便，农户获取信息的渠道较为闭塞。因此，山区腹地都是以村为单位开展生产活动，若农户家庭成员中有人担任乡村干部，则可以极大地改善农户家庭的收入和地位，减轻农户家庭的脆弱性。

秦巴连片特困区处深山腹地，受到秦岭和大巴山脉的阻隔，与外界的

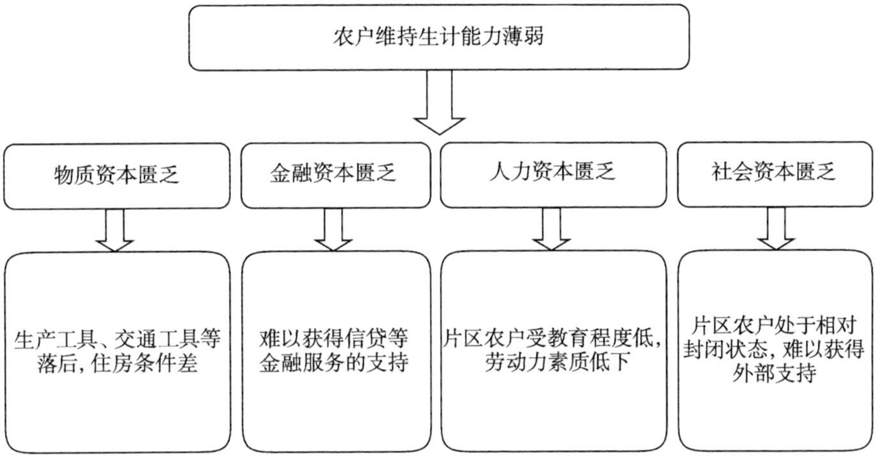

图 4-6 农户维持生计能力薄弱

联系相对较少，加之交通不便等因素，片区内的农户都处在一种相对封闭的生活状态。秦巴山区内的地形结构十分复杂，山洪、山体滑坡、泥石流等自然灾害频发，该区更是我国六大泥石流灾害高发区域之一，片区内因灾致贫、因灾返贫的现象十分严重。2008 年汶川大地震后，国家设立的 51 个极重灾县和重灾县中，有 21 个在秦巴特困区内，秦巴特困区肩负着沉重的灾后重建、难民安置和地区振兴发展的任务；除了地理原因和自然原因导致的贫困，秦巴特困区内农户的医疗卫生安全问题同样导致了农户的贫困。在全国已公布的未控制大骨节病县中，有 16 个在秦巴集中连片特困区内，区内未控制大骨节病县数量占到了全国的 35.56%，片区内因病致贫问题突出；在秦巴连片特困区中，有 42 个县处在我国"南水北调"工程中线水源保护区中，4 个县处在三峡水库库区，这些县的农户因其所处的特殊区域，生产生活等活动在一定程度上受到了政府的限制，这也影响了该区域农户的发展。在秦巴连片特困区，国家级和省级重点关注贫困县数量占到了区域内县区总数量的 90%，另外，47 个老区县占区域内县区总数量的 58.8%。2010 年，片区内扶贫标准以下农村贫困人口达 302.5 万人，贫困发生率为 9.9%，高出全国平均水平 7.1 个百分点，与西部地区总体水平相比，秦巴山区农户贫困发生率高出 3.8 个百分点；秦巴连片特困区的农户人均纯收入只有全国平均水平的67.2%。地理位置偏远、自然条件恶劣、片区内部差异过大、疾病灾害频发、劳动力文化程度低、技能和经营能力不足等问题，都导致了片区内贫困农户的家底薄、生产积累量少、积累速度缓慢、抵御市场风险能力弱。贫困范围广、贫困程度深、返贫现象严重已经成为秦巴山区农户的一大特征。

综上所述，秦巴山区农户的脆弱性特征主要表现在农户之间存在较大差异，难以联合对抗风险；面临破坏性较强的季节性暴雨及次生灾害以及风险冲击时表现出的维持生计的能力较弱。首先，秦巴山区内部农户之间生活生产方式差异较大，秦岭作为我国的气候分隔带，使得片区南部被分隔形成了不同的自然条件，而这也极大地影响了片区内农户的生活，较大的内部差异使得秦巴山区内农户在面对风险冲击时难以形成联合对抗的态势，而单独应对风险的能力又十分有限，使得片区内农户在面对风险时表现出较强的脆弱性。其次，秦巴山区内特有的季节性暴雨也给农户带来了极大的冲击，暴雨、泥石流、山体滑坡等自然灾害严重威胁着片区内农户的生活，因灾致贫、因灾返贫现象频发。最后，秦巴山区农户维持生计能力相对较弱，地处山区腹地，片区农户在物质资本、人力资本、社会资本、金融资本等方面都表现出了极大的不足，而这些正是维持农户生计、在风险发生时能够支撑农户的生计资本。生计资本的多元缺乏导致了片区农户具有较高的脆弱性。

4.4.2 武陵山连片特困区农户的脆弱性特征

武陵山连片特困区位于华中腹地，是中国各民族南来北往频繁之地。武陵山连片特困区幅员辽阔，片区内聚居着如苗族、土家族、侗家族等少数民族。由于聚居的民族较多，片区内不同民族农户沟通方面也存在一定的问题。在片区内，带有汉语方言色彩的西南地区官话使用范围最为广泛，同时，如苗族语、侗族语、土家族语等少数民族语言也是常用语言。武陵山集中连片特困区地跨鄂、湘、渝、黔四省份，是集贫困地区、少数民族地区和革命老区于一体，跨省面积较大、少数民族聚居集中、广泛分布着贫困人口的集中连片特困地区。区域扶贫攻坚工作得到党中央、国务院的高度重视。按照党中央在新的发展阶段对区域发展所提出的总体要求、扶贫攻坚战略的部署，武陵山连片特困区将被作为扶贫攻坚的主战场。武陵山连片特困区被列为国家首批区域发展、扶贫攻坚示范点，武陵山重点生态功能区所属的25个县（市、区）全部属于片区扶贫攻坚范围。片区农户的脆弱性主要有生态脆弱的约束、风险发生频率高、生计资本转换能力较弱等特征。

（1）生态系统脆弱，农户可耕地面积少。武陵山连片特困区丘陵众多，地形起伏巨大，生态系统较为脆弱，表现出了极强的过渡性特点。近年来，因社会经济的快速发展和资源开发强度的不断加大，武陵山区生态遭到了破坏。首先，山区生态多样性遭到破坏。区域内植物物种中10%～15%处于濒危状态①，野生动物分布区显著缩小，种群数量锐减。据统计，在《濒危动植物种国际贸易公约》中提到的濒危物种中，武陵山连片特困区范围内就有90多种。当地人对生物多样性保护意识淡薄，生态环境破坏时有发生；对生物资源开发过度，有些甚至是掠夺式开发；环境污染严重；对外来物种入侵问题重视不够以及制度的不健全等都是造成武陵山区物种多样性退化的重要原因。其次，水土流失和石漠化问题日益严重。武陵山区部分区域山高坡陡、地势崎岖、土地贫瘠、耕地较少，区域内仍有大于15度的坡耕地52万公顷，“陡坡耕种”现象仍然比较普遍，这种不合理的土地利用方式和对资源的过度开采，使得片区内的植被遭到了严重破坏，这势必引发严重的地质灾害和水土流失，加速了土地营养物质的流失，导致土地不断变得贫瘠，区域内的水土保持能力不断降低，山区7.35%的土地仍面临侵蚀的风险，总面积达到了48.2万公顷左右。除了水土流失和土地贫瘠，武陵山片区还是我国土地石漠化问题严重区域，2008年实施石漠化综合治理工程以来，武陵山片区石漠化整体扩展的趋势得到

① 国家林业局．武陵山区生物多样性与水土保持生态功能区生态保护与建设规划（2013—2020）[R]．2013：7.

展受限。其次，武陵山区特殊的孕灾环境导致了各类自然灾害、病虫害频发，严重阻碍了片区的农业发展。同时，地方病、慢性病、传染病加剧了武陵山区农户的脆弱性。最后，武陵山区农户生产活动方式过于单一，当风险发生时，可供农户规避风险的选择较少，农户相对脆弱。

4.4.3 滇桂黔石漠化地区农户的脆弱性特征

滇桂黔石漠化地区涉及面十分广泛，总面积达到了22.8万平方千米，片区主体位于云南省和贵州省，即云贵高原的东南部地区，部分地区位于云贵高原与广西盆地的交接地带，片区南部整体与越南接壤。滇桂黔石漠化地区地质结构较为特殊，属于典型的高原山地构造，片区内岩石中含有大量的碳酸盐成分，这也导致了片区严重的石漠化现象。滇桂黔石漠化地区是全球喀斯特地貌发育最具有代表性的地区之一，主要以亚热带湿润季风气候为主，每年降水量在880～1991毫米，充沛的降雨使得片区内水源充足，形成了众多纵横的河流，跨越珠江、长江两大流域和红河流域，区域内的河流包括左江、右江、红水河、清水江、融江等，区域内有巨大的水能资源蕴藏量，但同时，降雨冲刷和河流冲击使得滇桂黔石漠化地区变得沟壑纵横，地质条件不利于农户开展农业生产活动。加上片区内矿产资源丰富，铝、锰、锑、铅锌、锡、磷、重晶石、黄金、煤炭等储藏量大，过度的开采对片区也造成了重大的影响。

同时，滇桂黔石漠化地区还是壮族、苗族、布依族、瑶族等少数民族的聚居区，少数民族人口数量占片区人口总数量的比重较大。同时，片区位置处在偏远的边境地区，还是大石山区和革命老区。滇桂黔石漠化地区形成了面积广阔、涉及省份多、贫困问题突出的集中连片特困区。片区内的国家级重点贫困县多达67个，2010年，以国家贫困线为标准统计，滇桂黔石漠化地区农村贫困人口达到了324.4万人，且有11.1%的贫困发生率，与全国平均水平相比，高出近8.3个百分点，与西部地区平均水平相比，高出近5个百分点。滇桂黔石漠化片区内农户人均纯收入只能达到全国农户人均纯收入水平的58%左右。滇桂黔石漠化地区农户的脆弱性特征主要表现在以下几个方面。

（1）片区内生态环境恶劣、人地矛盾突出。滇桂黔石漠化地区整体表现出了坡陡、山多、谷深和土地贫瘠等特点。特殊的喀斯特地貌更是造成了严重的水土流失和土地石漠化问题，可以说片区内农户的生存条件十分恶劣。滇桂黔石漠化地区是全国范围内土地石漠化现象最严重的地区，土地贫瘠化蔓延，环境承载能力不断降低，各类自然灾害频发，生态环境不断变得脆弱，片区内石漠化综合治理国家级重点工作县多达80个。片区内土地总面积的48.7%存在岩溶现象，岩溶面积达到了近11万平方千米。片区内石漠化土地面积达到了4.9万平方千米，其中，中度以上的严重石漠化面积达到3.3万平方千米[①]。同时，滇桂黔石漠化地区内人口众多、人员密度较大，片区内可耕地面积远少于全国其他丘陵山地地区。片区内农户的人均可耕地面积仅为660平方米。滇桂黔石漠化地区是一个以第一产业为主导产业的地区，严重的石漠化现象以及水土流失和土地贫瘠等，造成了滇桂黔石漠化地区较为激烈的人地矛盾。

（2）片区内农户面临严重的工程性缺水问题。滇桂黔石漠化地区与西北地区的干旱和资源性缺水不同，片区年平均降水量在800～1600mm[②]，降水充沛，水源充足。但是，由于该地区是特殊的喀斯特地貌，地表岩石中含有大量的碳酸盐成分，无法长时间存水。另外，片区内各类水利工程建造缓慢，储水蓄水外部条件落后，致使该片区成为我国最严重的工程性缺水地区。农户饮水安全问题突出，广西片区在2010年存在饮水安全问题的农村人口就达到325.1万人。再加上云南和贵州存在饮水安全问题的人口数量，总数中有超过500万人分布在滇桂黔石漠化地区[③]。

以贵州省六盘水市盘县为例，该县年均供水量31605万立方米，其中

① 国家发展和改革委员会．滇桂黔石漠化片区区域发展与扶贫攻坚规划（2011—2020）[R]．2012:7.

② 苏维词．滇桂黔石漠化集中连片特困区开发式扶贫的模式与长效机制[J]．贵州科学，2012.8:1-5.

③ 苏维词．滇桂黔石漠化集中连片特困区开发式扶贫的模式与长效机制[J]．贵州科学，2012.8:1-5.

拖长江可供水量为14403万立方米，乌都河可供水量10293万立方米，黄泥河可供水量3036万立方米，马别河可供水量3873万立方米①，各河区供水具体情况如表4－8所示。

表4－8　盘县供水现状汇总

单位：万立方米

分区	城镇生活	农村生活	工业生活	畜牧业	农业灌溉	其他用水	合计
拖长江区	805	517	9176	281	3360	264	14403
乌都河区	252	1296	1619	448	6640	38	10293
黄泥河区	76	410	1392	137	1010	11	3036
马别河区	68	377	29	129	3260	10	3873
合计	1201	2600	12216	995	14270	323	31605

由表4－8可见，盘县年均供水量充足，并不存在水源缺乏的问题。但是近年来，随着经济社会的不断发展，盘县境内各类煤化工、洗煤等工业企业快速发展，用水量不断增加。同时，城市和农村的生活用水、生产用水量不断增加。盘县年均需水量为59881万立方米，目前的供水量远不能满足用水需求。

（3）片区内农户难以获得均等化的公共服务。滇桂黔石漠化地区基础设施建设落后，社会公共服务发展缓慢，片区内农户拥有的物质资本极度匮乏。2010年，片区内仅支出了1098元给教育、社会保障、医疗卫生和就业扶持这四项。就片区内的医疗条件而言，表现出了基层医疗卫生服务不足的现象。目前片区内没有设置医疗卫生室或是卫生站的仍有9.7%，设置了卫生室的村中，没有专业、专职的医生、护士等医疗卫生服务人员的达13.5%②。就片区内农户的住房条件而言，贫困农户住房条件差的现象仍然十分普遍，片区中的一些赤贫地区，农户住房困难始终没有得到解决，杈杈房、茅草房数量占房屋总数量的比重仍然很高，部分地区甚至还存在人畜混居的现象。

---

① 徐银花．盘县工程性缺水现状与对策[J]．珠江现代建设，2012(2)：9－12.

② 国家发展和改革委员会．滇桂黔石漠化片区区域发展与扶贫攻坚规划(2011—2020)[R]．2012：7.

（4）片区内农户受教育程度低，自我发展能力不足。教育资源严重不足在滇桂黔石漠化地区普遍存在，九年义务教育的水平及普及程度都不高，片区内各类中小学数量有限，且硬件配备很难达到标准化要求，教师数量同样不足，且自身教育素质技能有待提高。与全国平均水平相比，滇桂黔石漠化地区九年制义务教育巩固率低了9.8个百分点。除了义务教育，职业技能等的教育水平同样不高，与全国平均受教育年限相比，片区人均受教育年限少了近1.1年①。滇桂黔石漠化地区劳动力素质低、农户生产经营方式落后、公共服务均等化程度低等因素共同作用，使得该片区农户的自我发展能力不足，始终无法降低其脆弱性。

（5）片区内资源利用率不高，经济发展迟缓限制了农户的发展。滇桂黔石漠化地区基础设施建设迟缓，缺乏硬件支持导致资源就地转化的程度不高，资源深加工、精加工的能力不强，片区内丰富的能源、矿产等资源、生物资源、旅游资源等并没有高效地转化为产业优势。片区内缺少具有实力的龙头企业带动，产业链条并不完整，市场体系极不健全，配套设施十分落后，没有形成有效带动经济发展和扶贫开发的支柱产业。2010年，人均地区生产总值仅相当于全国平均水平的32.7%，人均地方一般财政预算收入只有579元。和全国平均水平相比，该区域的第一产业比重高出了10.4个百分点，但是，第二、第三产业比重分别低了3.6个百分点、6.8个百分点。城镇化进程滞后，城镇化率低于全国平均水平25个百分点。

综上所述，滇桂黔石漠化地区农户的脆弱性特征主要表现为：生态环境恶劣，人地矛盾突出；喀斯特地貌引起的特殊工程性缺水严重；农户难以获得均等化的公共服务；农户受教育水平低，自我发展能力较低。首先，滇桂黔石漠化地区生态环境恶劣，人口密度较大，人地矛盾十分突出，在自然条件上限制了片区农户的发展，使得片区农户在面对风险时，

① 国家发展和改革委员会．滇桂黔石漠化片区区域发展与扶贫攻坚规划（2011—2020）[R]. 2012:7.

表现出了较强的脆弱性。其次，片区因特殊的喀斯特地貌导致的工程性缺水问题极大地限制了农业生产活动的开展。与西北地区干旱缺水不同，滇桂黔石漠化地区并不缺乏水源，年降水量较为充足，但是地貌特点造成的难以存水和蓄水工程较为落后，使得片区难以储存水源。另外，除了缺水问题，饮水安全问题同样严峻。再次，滇桂黔石漠化地区基础设施建设落后、社会公共服务均等化程度较低、农户受教育程度普遍不高等问题，制约了农户的发展，使得片区农户长期处于相对弱势的状态。最后，片区资源利用效率低、片区经济发展迟缓等问题，在社会层面限制了片区内农户的发展。

4.4.4 四省藏区农户的脆弱性特征

"青川滇甘"四省藏区地处青藏高原东部边缘地区，平均海拔 3000 米以上，是藏族与其他民族共同聚居的民族自治地区。四省藏区还是长江、黄河、澜沧江等江河的发源地及水源涵养区，青、川、滇、甘四省藏区是我国经济社会发展战略中十分重要的一环。可以用"极为特殊"来描述四省藏区的情况，片区内自然条件十分恶劣，生态环境欠佳，经济发展迟缓，少数民族大量聚集，地处高海拔偏远边疆区域，还是我国反分裂斗争的重点区域。我国历代中央政府始终重视青、川、滇、甘四省藏区的稳定和发展问题。新中国成立以来，四省藏区的扶贫开发工作一直受到了政府的高度重视，扶贫工作取得了长足的进步。但是，片区内扶贫工作仍然面临巨大挑战，特别是农户具有较强的脆弱性，在面对风险冲击时，一些已经脱贫的农户极有可能再次返贫。片区农户的脆弱性特征不仅表现在自然因素上，还表现出了一些人为的因素。

（1）农户生产活动易受气候影响。四省藏区农户多数从事畜牧业，然而恶劣的气候条件极大地限制了农户生产活动的开展。四省藏区位于高寒地带，多数地区常年处在干燥、多风和阴冷的状态，加之高原缺氧、太阳辐射强以及降雨不足，导致了牧区牧草生长状况差、青草期短、草场面积减少等问题，草料缺乏极大地限制了片区畜牧业的发展，如遇大雪、大风、干旱等恶劣天气，畜牧业更是无法正常开展，农户常年处于“靠天吃饭”的状态，生活来源极不稳定，片区内农户始终无法获得稳定的发展机会。

（2）片区农户思想较为落后。四省藏区是藏族和其他少数民族聚居的民族自治地区，下辖的藏族自治州就多达10个。在社会主义制度建立之前，藏区长期处于农奴制的阴霾中。多数藏区农户，尤其是藏民农户受到旧风俗和传统思想束缚，主观上抗拒接受新事物、学习新技能，由此导致了其无论是在生产方式还是观念上都相对落后，很难适应社会发展。另外，宗教文化也在一定程度上限制了农户的发展。藏区农户多数恪守宗教信仰，甘愿接受贫困，甚至对一些陈旧陋习也全盘接受。这种由落后意识和陈旧思想造成的脆弱是很难通过外界帮助来改变的。

（3）片区行政分割严重，农户难以享受政策红利。片区涉及青、川、滇、甘四个省份，下辖10个藏族自治州、1个彝族自治州和1个羌族自治州，共74个县。由于各省份发展现状不同，社会公共事业发展快慢不一，基础设施建设程度参差不齐，公共资源分布不均。这些都使得片区农户享受到的社会公共服务有所差异，那些处在相对更为落后地区的农户很难通过接受政策扶持和社会帮助来降低其脆弱性。同时，各地区发展目标存在差异，政策的制定均从自身出发，只能做到“各扫门前雪”，难以形成统一、行之有效的反贫困策略。另外，四省藏区又是一个多民族聚居的地区，不同民族因其传统风俗、宗教信仰等因素造成的差异性，又使得政策的制定和实施要符合特殊农户的特殊需要。如此现状使得四省藏区农户很难享受到政策红利。

4.5 中国连片特困区农户脆弱性特征总结

中国14个连片特困区大多处于边远山区、省际交界、少数民族聚居区、革命老区，表现出自然条件恶劣、生态环境脆弱、交通相对闭塞、发展相对滞后、观念相对落后、公共资源分布不均、行政分割相对严重的特点，这些共同特征使得连片特困区农户的脆弱性特征具有一定的共性；同时，各个连片特困区又因为地理区域、气候条件、资源禀赋、文化习俗、产业基础等自然和人文环境的不同，彼此间存在一定差异，使得各个连片特困区农户的脆弱性又具有一定的特殊性。通过对中国 4 个案例连片特困区的农户脆弱性特征分析，我们可以总结出中国连片特困区农户的脆弱性特征如下（见图 4 –7）。

（1）多数处于边缘化地区，区位条件相对落后。首先，边远山区普遍特点为交通相对闭塞，观念较为落后，山区农户家庭受此影响，与外界的联系相对较弱，处于较为封闭的自给自足状态，严重滞后于社会的快速发展，面对新形势下的特殊风险表现出高脆弱性。其次，省际边界区域经济发展具有一定的边缘性。大部分的省际边界区域县距离各个省份的中心城市较远，受中心城市的经济辐射影响较小，经济发展受国家宏观调控政策的影响较小，国家投入较小，处于省级行政单元的“神经末梢”。集中连片特困区地区长期以来甚至形成了一些国家政策制定和执行上的“盲点”，其发展主要依靠自身的原始积累来完成，自我发展能力不足，发展速度迟缓。最后，少数民族聚居区因文化、历史、宗教等一些人文因素的影响，可能仍然保留着相对落后的生产活动方式，导致该地区农户难以应对当前的风险冲击，脆弱性普遍较高。

（2）自然条件恶劣，生态环境脆弱。14 个连片特困区中大部分自然资源匮乏，土地贫瘠，存在山多、坡陡、谷深、地形起伏较大的现象。其中部分片区如武陵山区、滇桂黔石漠化地区还存在严重的水土流失和石漠化问题，土壤营养不足，生产力低下，自然资源存量严重不足。同时，这些地区往往又是人口数量大、密度高的聚居区，地形起伏大，加之自然资源匮乏，共同导致了人均耕地面积不足、片区人地矛盾突出的问题。另外，经济的高速发展、城镇化加速以及对资源的大量开采，使得连片特困区本就脆弱的生态环境受到严重破坏，片区生物多样性降低，生态平衡遭到破坏。这些变化带来的诸如山体滑坡、泥石流等自然灾害加重了特困区农户的脆弱性（见图 4 –7）。

（3）行政分割相对严重，公共资源分布不均。我国 14 个连片特困区

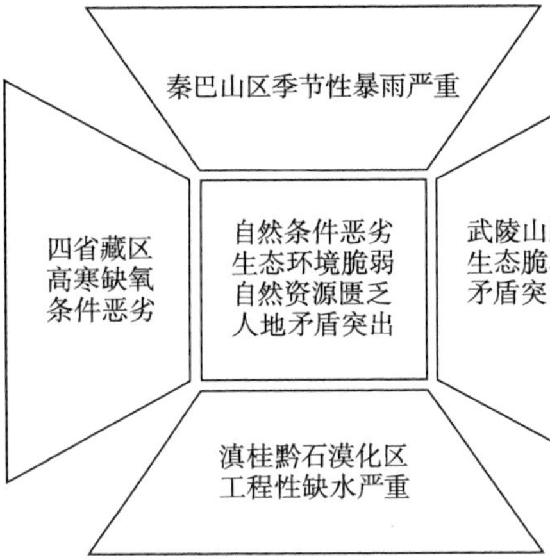

图 4－7　中国 4 个案例连片特困区的农户脆弱性特征

多数依据自然区域进行划分，造成了行政分割严重的现象。例如，秦巴山区地跨陕西、四川、湖北等六省 17 个市，涵盖了 74 个县；武陵山区地跨重庆、贵州等四省 11 个市，涵盖了 71 个县。对于各个省份来说，只能做到“各扫门前雪”，难以形成统一、有效的扶贫发展策略，不能满足特困区农户的特殊需要。同时，各个省份自身发展存在差异，造成了特困区公共资源分布不均匀的现象，使得农户的自我发展能力产生差异。

（4）灾害、疾病风险频发，农户损失严重。连片特困区多为边远山区，自然条件恶劣、气候特殊。特困区生态环境的脆弱提高了灾害发生的频率与概率。以滇桂黔石漠化地区为例，水土流失和石漠化现象并存，区域工程性缺水严重。这些问题增大了自然灾害在特困区发生的频率，使农户面临极大的生计风险，农户家庭时刻都有遭受巨大损失的可能性。因此，农户家庭表现出较高的脆弱性。

（5）生计资本缺乏，农户的抗风险能力差。特困区农户用于维持基本生活、开展生产的生计资本主要包括物质资本、人力资本、社会资本、金融资本等，具体表现为住房条件、耐用消费品、牲畜、医疗设施、社会人际关系、受教育程度等。而农户拥有的这些生计资本均表现出了数量不足和质量低下的特征。就物质资本而言，总体可以概括为物质资本短缺，以农户住房条件为例，特困区农户人均住房面积偏小，房屋年代久远缺乏修缮，存在一定的安全隐患，房屋构造过于简单，砖混结构住房的数量较少。片区内农户的畜牧圈舍狭小，如鸡、牛、猪、羊等牲畜和家禽的圈养面积不足，部分地区仍然存在人畜混居的现象。农户家庭能享受到的医疗服务不足，医疗条件落后，基层医疗卫生服务能力差；就人力资本而言，特困区农户人力资本总体比较薄弱。调查数据显示，特困区农户家庭中，主要劳动力的受教育年限平均值仅为6.15年，可以说，特困区农户普遍存在受教育程度不高的问题。而片区中原本文化素质就不高的农户，大部分也没有接受过正式的技术技能培训，生产技能普遍不高，进入城镇务工谋生的可能性极低。就特困区农户社会资本而言，特困区农户社会交往圈相对狭窄，由于特困区多处在大山深处或是偏远地区，加上交通不便，通信设备老旧，远离中心城市，片区内农户与外界的交流十分不便，交往对象主要是片区内的亲属和邻居，而这类交往群体与农户自身具有相同的情况，难以为农户提供有效的帮助；就金融资本而言，片区内农户人均纯收入较低，可自主支配的资金来源主要为现金收入、可筹措的资金、政府补助和补贴，而这些资金的来源极不稳定且资金量较小，使得特困区农户财富积累速度相对较慢。金融资本缺乏已经成为抑制连片特困区农户生计提升的重要因素。

5 中国连片特困区风险冲击作用于农户贫困的经验分析

5.1 数据来源

本部分的数据来源为国家社科基金项目课题组在 2015 年和 2016 年对我国秦巴山区、武陵山区、滇桂黔石漠化地区、4 省藏区四个连片特困区的农户的问卷调查，通过调研员进行入户走访调查的方式，4 个连片特困区共调查了 3000 个农户，调查对象皆为农户家庭户主，调查内容包括家庭基本情况、2014 年家庭收支情况、风险冲击、家庭资本、信贷与保险情况等。共获得调查问卷 2800 份，通过整理汇总得到有效调查问卷数为 2318 份，占调查问卷总数的 82.79%。其中，秦巴山区收回有效调查问卷数为 845 份；武陵山区收回有效调查问卷数为 576 份；滇桂黔石漠化地区收回有效调查问卷数为 521 份；四省藏区收回有效调查问卷数为 376 份。

5.2 中国连片特困区的农户贫困测度

5.2.1 连片特困区农户贫困测度方法的选取

国内外对于贫困测度方法的研究，从最初的主要进行绝对贫困的测度到现在主要研究相对贫困的测度，贫困测度所研究的对象和使用的方法也越来越细化。从国外相关研究贫困测度的历程来看，朗特里（Rowntree）于 1899 年最早提出了测度绝对贫困的方法——标准预算法，该方法将贫困定义为一个家庭的可支配收入不能支付该家庭所有人口基本生存所需要的最低费用。他所采用的方法是：首先确定和列出满足家庭所有人口基本生存需要所需的食品清单，并根据当地居民实际所需的最小的必需营养标准和最小成本标准，确定家庭人口的最小食品支出费用，进而在这个最小食品支出费用上加上家庭人口满足生存所必需的衣物、住房和燃料的费用，该方法是最早的计算贫困线的方法，目前在贫困测度中依然应用很广泛。1965 年，奥珊斯基（Mollie Orshansk）通过研究总结最先提出了恩格尔系数法，该方法属于测度绝对贫困的方法之一，但是恩格尔系数法相对于早先测度绝对贫困的方法加入了认可相对贫困的观点，在贫困测度方法上实现了理论上的突破[①]。在阿玛蒂亚·森于 1976 年提出了指数分析贫困的方法之后，贫困线测度的研究也开始逐步走上数理研究的轨道，比较著名的马丁法和经济计量分析模型等是该方法的阶段性成果。Hanveman 和 Bershadker 于 1980 年前后通过大量研究提出了净收入能力贫困（Net Earnings Capacity Poverty，NEC）的概念，并最先推导和计算测度贫困强度的方法，这些方法的提出都进一步细化了对贫困的测度。O. Altimir于 1979 年丰富了早先学者关于贫困的狭隘定义，指出贫困不单是指缺乏生存所需的食物，贫困者更是缺乏最基本的人权，缺乏过当前社会上普遍的正常生活方式的能力，他认为并且正式提出贫困线应该由两个部分组成：一部分是绝对指标对所有情况都适用；另一部分是单一对指标对某一特定社会或地区适用。此后，相关研究学者逐渐对贫困线测度研究增加了一部分预期的发展指标，也逐渐增加了部分主观测度指数，测度贫困的多维指数也被大家认可和推广，为这些贫困测度方法今后在欧洲大陆进行贫困标准确定的广泛使用奠定了相关基础[②]。

我国在 1985 年首次公布了农村地区绝对贫困线，将农村地区农户年人均纯收入低于 200 元的定为贫困人口，低于 150 元的定为赤贫人口。此后，我国各省份根据各自地区经济社会发展的实际情况，参照我国贫困线标准和国外制

---

① Altimir O. a Dimensión de la pobreza en América Latina[J]. Santiago de Chile, 1979(27).

② Jean Olson Lanjouw, Demystifying Poverty Lines, Social Development and Poverty Elimination Division(SEPED), 2002.

定贫困线和扶贫救助的良好经验及做法，制定了符合本省份实际和发展趋势的最低生活保障制度。以上海市首先出台相关社会救济制度为试点，经过民政部在全国相关省市范围试点社会救济制度和国务院出台相关文件进行法规和制度规定，我国的最低生活保障工作也逐渐步入规范化、法制化的管理阶段。截至1999年下半年，全国所有城市和有建制县级城市都建立了最低社会保障制度，对我国后期经济社会的平稳较快发展和社会安定团结及贫困收入群体正常生活起到了较大作用。政府部门在将贫困线理论和测度贫困标准方法运用到实际的扶贫救助中，相关专家学者总结提升实践中面对的新情况、新方法，丰富和完善现有贫困测度理论，进而更好地指导我国扶贫工作的开展。与此同时，我国相关专家学者们也紧密关注着国外研究者关于贫困线测度的研究，其中比较著名的研究有童星和林闽钢的“三线论”、唐钧的综合法，以及国家统计局农调总队《农村贫困问题研究》课题组所采用的马丁法的实践，经过近几年的实践和结合基本国情，我国的贫困测度方法得到了很大的提升，为配合我国扶贫政策的实施效果起到了较好的基础支撑作用。

目前学术界对贫困测度常用的测度方法有：①贫困发生率，即贫困人口在地区所占的人口比重，反映了在农户生活中收入低于贫困线的比例，也是贫困发生的频率。②贫困差率，即收入缺口比率，是贫困人口收入与该地区人均收入的缺口，反映了贫困的程度。③恩格尔系数（Engle Coefficient）是由恩格尔（Engle）在相关研究的基础上提出的，他通过长期大量的调查研究发现，当德国社会中绝大部分低收入家庭收入较之前收入降低时，家庭购买食物的支出在家庭总支出中的占比就会增加，这些现象也符合马斯洛需求曲线的含义，即人们首先满足的就是生理需求也即最基本的生存需求；从国家层面来说，一个国家总体越贫穷，在该国国民的支出中，国民用于购买食物等满足国民生存需求的花费占总支出就越大。恩格尔将恩格尔系数定义为：恩格尔系数 =（食物支出金额/总支出金额）×100%。④基尼系数（Gini Coefficient）由基尼在20世纪初提出，用来表示某一国家或地区居民收入分配的公平程度，既可以反映某一地区居民平均收入差距，又可以反映该地区贫困人口和非贫困人口之间的收入分配不平等程度。基尼系数是个比例数值，取值范围在0~1。基尼系数越接近于0，表示该地区居民收入分配越平等；基尼系数越接近于1，表示该地区贫富分化越严重。另外，还有Sen指数、SST指数和FGT贫困指数等，都是用来测度贫困的方法。

通过以上各个贫困测度方法的梳理归纳，我们可以发现：贫困发生率表示地区贫困人口在地区总人口中的比重，用来衡量这一地区的贫困程度，但衡量不了贫困人口之间的贫困差异，也不能得到该地区贫困人口收入变化等所带来的对贫苦户贫困程度增减与否的影响，在衡量地区贫困人群内部差异上有一定的局限性。贫困差率表示该地区贫困人口的收入与地区贫困线之间的差距，贫困差率不能反映地区贫困人口内部变化对地区整体贫困人口贫困程度的影响，存在一定的不足。一般来说，贫困的广度用贫困的发生率来反映；贫困的深度则用收入缺口比率来反映，收入缺口与贫困程度成正比；贫困强度用收入分布程度来反映，对于收入的均衡性，收入差距越大，收入分布的均衡性就越差，农户的贫困程度也就越高。通过衡量农户的贫困程度，就能在一定程度上显示出当地农户的贫困脆弱性现状。在前人相关研究的基础上，阿玛蒂亚·森提出了Sen贫困指数，即通过研究确立了对贫困测度方法进行评价的三个标准：单调性公理（指在其他条件不变的情况下，贫困线以下人口收入的增长必定会降低整个社会的贫困程度）、弱传递性公理和核心公理（用于度量穷人的收入变化和穷人之间以及穷人、富人之间的收入转移带来的贫困变化）。随后关于贫困测度的研究者在森的相关理论研究基础上，通过结合新理论、新情况，一些新的贫困测度方法如SST指数、FGT指数相继面世，这些都使得学术界对贫困的测度更加细分和适用性范围更为明确。因此，本章在对四个连片特困区农户贫困测度贫困发生率和收入缺口率的基础上，采用Sen指数、SST指数和FGT指数进行贫困测度。

（1）Sen指数

Sen指数由阿玛蒂亚·森于1976年提出，他在贫困发生率和贫困差率的前提下，将Sen指数定义为：

$$Sen = \frac{2}{(q+1)n}\sum_{i=1}^{q}\left(\frac{z-y_i}{z}\right)\times(q+1)-i=$$

$$H\left\{1-(1-I)\left[1-G_p\left(\frac{q}{q+1}\right)\right]\right\}=H\left[I+(1-I)G_p\right] \quad (5-1)$$

其中，$q+1-i$ 为权重函数，H 为贫困发生率，I 为贫困差率。$H=\frac{q}{n}\times 100\%$，$I=\frac{\bar{y}_q-z}{z}\times 100\%$，$G_p$ 为贫困人口之间收入分配的基尼系数。

（2）SST 指数

SST 指数是 Shorrocks 于 1995 年将 Sen 指数中的权重函数调整为$2n-2i+1$得到的。SST 指数的意义在于它具有和基尼系数相似的集合解释。即

$$SST=\frac{1}{n^2}\sum_{i=1}^{q}\left(\frac{z-y_i}{z}\right)\times(2n-2i+1) \quad (5-2)$$

（3）FGT 指数

FGT 指数是福斯特、格利尔于 1984 年将 Sen 指数的权重改为$\left(\frac{z-y_i}{z}\right)^{\alpha-1}$而得到的。对于该指数，当 $\alpha=0$ 时，FGT 指数表示贫困发生率；当 $\alpha=1$ 时，表示贫困距；当 $\alpha=2$ 时，$F=\frac{1}{n}\sum_{i=1}^{q}\left(\frac{z-y_i}{z}\right)^2$，表示平方贫困距，是测量贫困强度和广度常用的两个指标。FGT 指数具备可分解性的长处，其他贫困测度指数则没有这样的特点。FGT 指数目前在贫困测度方法选取上被大多数人认可和使用，也有助于政府部门和相关决策者根据 FGT 指数计算结果实行适合本地区的扶贫政策。我国国家统计局也将该指数称为“贫困强度指数”。

5.2.2 连片特困区农户贫困测度标准即贫困线的确定

在大部分对贫困的现实研究中常常用到的一个方法是设立贫困线。建立贫困线最明显的目的就是区分贫困者和非贫困者，此为贫困线的第一个功能即界定功能。界定出一部分人作为贫困者，是为了有针对性地给予贫困户以相应的福利和救助，从而减小此类贫困户的贫困程度。所以说，贫困线的界定功能对于地方政府财政而言比较有意义，这表现为，当地贫困线设定得越高，被政府部门用作转移支付的公共资源就越多，政府部门对

当地贫困户的补贴相对也就增加。但有的情况下贫困线的这个功能又颇受大家的争议，主要原因在于很多时候贫困线并不一定是根据实际需要来设定，而是根据地区政府部门的财政收入状况和地区发展目标被界定的，这就会受到该地区总体经济社会发展状况的影响，而不是直接以该地区的贫困人口现状来设定。

构建贫困线最主要的原因之一是通过贫困线计算贫困率（贫困人口占总人口的比率），贫困率又可被用作政策实施后政府部门收集反馈信息，同时也可以帮助政府部门对不同地区或者不同群体之间的贫困群体作出比较。例如，对不同省份之间贫困率的比较有利于我国财政部门决定对各省转移支付的比例。另外，减贫政策的实施效果也可以直接用不同时期贫困率的变化来比较和验证。应用贫困线测度可以鉴别出贫困群体并让他们受到更多关注，进而获得相应的政府资助。而且通过对这个群体的描述可以得到该地区贫困的特征，这将有利于政府调查该地区的致贫原因。同时，贫困特征还可以帮助政府鉴别该地区与贫困有关的其他一些信息（如地域、种族、职业、性别、受教育程度、风险和疾病冲击等），这些信息可以使政府部门不必通过对本地区贫困者挨家挨户调查其具体家庭状况时，不必制定统一的扶贫政策来救助贫困户，以前各级政府部门普遍采用的是“大水漫灌式”的扶贫政策。

当然，贫困线可以使贫困者获得社会大众的关注，如对贫困户的特殊生活环境、生活现状以及他们面临各类困难的关注，从而引发社会公众的思考，随之采取相应的救助帮扶行动，社会公众的参与可以更有效地帮助提高政府部门减贫政策的实施效果。Atkinson 于 1993 年比较了英国和美国现行的贫困线制度，认为由于美国政府结合本国实际发展状况制定了一条较为合理的贫困线，从而提高了本国减贫政策的实施效果，即给予了本国贫困者较大力度的救助，在一定程度上缩小了社会的贫富分化程度，降低了社会发展过程中的不确定性因素，也助推了该国经济社会的持续性发展。由此，我们可以发现，在结合国家和地区实际的基础上，贫困线标准的制定和测度对一个国家或地区实行扶贫政策有重要的基础性作用。

本研究采用的测度我国连片特困区农户贫困线的标准一个是中国国家贫困标准线，即年人均纯收入的指标，以中国在 2011 年设定的贫困线标准——每年 2300 元，按当期汇率转换为美元是每日约为 1 美元；另一个标准选取国际相对贫困标准，分别为世界银行在 2008 年定的标准（每日 1.25 美元）和 2015 年定的标准（每日 1.9 美元）。按照世界银行给出的说明，时隔 7 年再次提高国际贫困标准线的主要缘由在于，近几年全球总体实现了经济增长，尤其是大部分发展中国家和经济不发达国家经济增速较高，伴随经济的增长，全球主要原材料和农作物价格的提高也导致人们生活成本的上升，原来较低的贫困标准已不能很好地衡量贫困群体生活状况。因此，结合我国连片特困地区经济社会发展现状和连片特困区农户家庭收入的实际情况，我们选取每天 1.9 美元的国际标准作为相对贫困指标。

5.2.3 连片特困区农户贫户程度分析

本部分通过将我国 4 个连片特困地区（秦巴山区、武陵山区、滇桂黔石漠化地区、四省藏区）农户家庭 2014 年的基本状况调查的数据进行计算分析，采用贫困发生率指标、贫困差率指标、Sen 指数、SST 指数和 FGT 贫困指数，分别得到了 4 个连片特困区农户家庭每天生活标准分别在 1 美元和 1.9 美元（以世界银行 2014 年购买力转换因子 3.8 来算，新的国际贫困线 1.9 美元对应的人民币为 2635.3 元）的贫困指标数据，计算结果如表 5－1 和图 5－1所示。

表 5－1　2014 年我国 4 个连片特困区贫困程度数据

地区	指标	2300 元/年（人）	1.9 美元/日（人）
秦巴山区	贫困发生率（%）（H）	37.80	42.84
	贫困差率（%）（I）	36.47	38.49
	Sen 指数	0.19	0.23
	SST 指数	0.51	0.68
	FGT 贫困强度指数	0.26	0.45

续表

地区	指标	2300 元/年（人）	1.9 美元/日（人）
武陵山区	贫困发生率（%）（H）	35.74	46.53
	贫困差率（%）（I）	33.05	34.24
	Sen 指数	0.05	0.16
	SST 指数	0.28	0.44
	FGT 贫困强度指数	0.16	0.34
滇桂黔石漠化地区	贫困发生率（%）（H）	40.56	50.67
	贫困差率（%）（I）	35.67	36.93
	Sen 指数	0.12	0.20
	SST 指数	0.35	0.51
	FGT 贫困强度指数	0.16	0.39
四省藏区	贫困发生率（%）（H）	32.56	39.11
	贫困差率（%）（I）	30.45	29.61
	Sen 指数	0.16	0.22
	SST 指数	0.38	0.61
	FGT 贫困强度指数	0.24	0.42

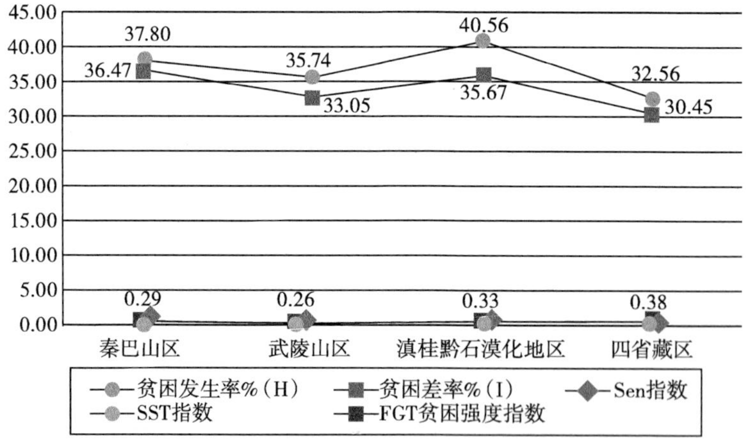

图 5-1　2014 年我国 4 个连片特困区贫困程度折线图

根据以上计算结果，在年人均收入 2300 元的贫困线（每日人均 1 美元）标准下，我们可以得出以下结论：

（1）从贫困发生率（贫困广度）来看：4 个连片特困区农户的平均贫困发生率为 37.05%，其中，滇桂黔石漠化地区的贫困发生率为 40.56%，武陵山区的贫困发生率为 35.74%，秦巴山区的贫困发生率为 37.80%，四省藏区的贫困发生率为 32.56%。滇桂黔石漠化地区的贫困发生率在 4 个连片特困区中最高，原因可能是该地区具有我国西南地区典型的喀斯特地貌地形，地表岩石以石灰岩为主，而石灰岩具有可溶性，加之地区全年降水量偏多的影响，使得该地区形成众多的地下暗河，带走了大量地表土壤养分和水分，大量的岩石裸露于地表，土壤变得异常贫瘠，由于该地区容易出现强降雨等极端天气，土地种植农作物变得相对困难，进而导致该地区农户种植收入相对大幅减少。同时大量的少数民族居住在滇桂黔石漠化地区，民族数量众多且分布广泛而不均匀，而且该区地形以山岭丘壑为主，通行道路等基础设施建设难度大，现有道路建设比较落后，与外界联系和经济发展交流比较困难，使得该地区经济文化等发展相对比较缓慢。另外，由于我国的社会保障措施目前还不完善，农村地区特别是连片特困区农户所能享受到的社会保障可能会更少，所以滇桂黔石漠化地区贫困发生率比较高；四省藏区的贫困发生率最低，原因可能是四省藏区相对于秦巴山区、武陵山区、滇桂黔石漠化地区来说，该地区农户收入主要来源较为单一，即以畜牧业和种植业为主，加上四省藏区土地辽阔、自然人文景观较多、蕴藏能源丰富，外地游客增多带来的附加值使部分景点地区农户有一部分旅游收入，但总体收入都不是很高，贫富分化现象较少、基尼系数较低。

（2）从贫困差率（贫困深度）来看：4 个连片特困区的平均贫困差率为 33.91%，其中，秦巴山区的贫困差率为 36.47%，滇桂黔石漠化地区的贫困差率为 35.67%，武陵山区的贫困差率为 33.05%，四省藏区的贫困差率为 30.45%。秦巴山区的贫困差率最高，说明该地区贫困人口的贫困差异比较大，原因可能是该地区外出务工的人口比较多，留守下来的大部分都是老年人或妇女儿童，再加上种植农产品种类比较单一，导致秦巴山区农户从事种植业收入比较少，而外出务工的人可能会给家庭带来比没有外出务工的家庭更多的收入，从而造成了秦巴山区农户贫困差率较高的现象；四省藏区的贫困差率最低，原因可能是该地区外出打工的人口较少，农户基本上都在家务农或从事种植业，所以该地区农户不同家庭的收入水平基本相当，贫困差率比较低。

（3）从 Sen 指数、SST 指数和 FGT 指数来看，这三个指数都是考虑了贫困深度和贫困广度能够反映贫困强度的综合指数。从计算结果来看，这三个指数在显示 4 个连片特困区的贫困强度上都具有比较高的一致性，贫困强度由高到低分别为秦巴山区、四省藏区、滇桂黔石漠化地区和武陵山区。同时也反映了秦巴山区农户的贫富分化现象相对于其他三个连片特困区较为严重，当地政府部门对于该地区的贫苦农户家庭在补贴和政策支持上要进一步加大倾斜力度，以期尽可能缩小其与非贫困户的差距，进而降低该地区的贫富分化程度；对于其他三个连片特困区而言，当地政府部门则要重点关注和支持潜在易贫农户，加强定期跟踪和回访，在易贫农户家庭遇到风险和疾病冲击应及时进行救助，并为受到冲击的农户家庭恢复正常的生产生活和提高农户家庭创收渠道与能力给予相应的救助。

在每日人均 1.9 美元的贫困标准下，我们可以得出以下结论：从贫困发生率来看：4 个连片特困区农户的平均贫困发生率为 44.93%，从高到低依次为滇桂黔石漠化地区（50.67%）、武陵山区（46.53%）、秦巴山区（42.84%）和四省藏区（39.11%），均高于人均 1.0 美元标准下 4 个连片特困区各自的贫困发生率。从贫困差率（贫困深度）来看，4 个连片特困区的平均贫困差率为 34.81%，其中，秦巴山区的贫困差率为 38.49%，滇桂黔石漠化地区的贫困差率为 36.93%，武陵山区的贫困差率为 34.24%，四省藏区的贫困差率为 29.61%，均高于人均 1.0 美元标准下 4 个连片特困区的贫困差率。从 Sen 指数、SST 指数和 FGT 指数来看，4 个连片特困区这三个指数也均高于人均 1.0 美元标准下的贫困强度。

总体来看，我国目前制定的人均 1.0 美元标准下的连片特困区农户的贫困广度、贫困深度和贫困强度均低于世界标准，所以，我国的这 4 个连片特困区农户的实际贫困程度要远高于国家标准下的贫困程度，在对以秦巴山区、四省藏区、滇桂黔石漠化地区和武陵山区为代表的连片特困区进行扶贫时，需要政府、社会等各方面力量一道进行长期持续性的外部支持，同时对于不同地区不同贫困程度农户在划分相应标准的基础上，以精准扶贫思想为指导，制定相应的扶贫办法和帮扶对策，同时建立适合本地区实际发展状况的社会保障救济制度，构建社会保障体系。

5.3 大病、灾害等风险冲击作用于农户贫困的实证分析

5.3.1 变量的选取与说明

对于因变量的选择，我们将农户是否贫困作为因变量。上一节中分别用中国国家贫困标准线（年人均收入 2300 元）和国际相对贫困标准线（每日人均 1.9 美元）对四个连片特困区农户即秦巴山区、武陵山区、滇桂黔石漠化地区和四省藏区贫困状况进行了衡量，鉴于采用两个贫困标准计算结果显示的趋势一致，结合我国的基本国情和连片特困区经济社会发展的实际情况，本书在建立实证模型分析阶段，统一采用中国国家贫困线标准，即年人均收入 2300 元，与当年该地区农户家庭人均收入水平进行比较，以反映该地区的农户贫困状况。

对于自变量的选择，本书主要关注的是大病、灾害等风险冲击对连片特困区农户贫困的影响，在问卷设置上采用的是二值变量，该变量是一个虚拟变量。由于本书的数据来源于问卷调查，在问卷设计中有农户慢性疾病支出与否、共同风险（干旱、水灾、冰雹、泥石流、其他自然风险）和自有风险发生次数三方面内容。

对于控制变量的选择，结合调查问卷的设计，本书选取农户户主性别、户主年龄、户主健康状况、户主受教育程度、家庭所在地区地形、家庭劳动力人口数量、土地耕种面积、农户家庭是否有人外出务工、经营性收入情况、需要经济支撑的孩子数量、经常往来的亲戚个数、亲戚朋友的帮助、房屋类型、银行存款、农户家庭资产、急需用钱是否先向亲威朋友求助、商业保险等变量作为控制变量。

具体变量选取及衡量如表 5－2 所示。

表 5－2　变量选取与指标含义说明

变量名	指标选取	含义
被解释变量 *poor*	是否贫困	二值变量。人均收入≤2300 元，赋值为 0，否则赋值为 1
解释变量 *X*	疾病冲击	二值变量。用“有无慢性疾病支出”和“近三年有无急性疾病或医疗事故支出”来衡量，若有赋值为 0，否则赋值为 1
	风险冲击	用“共同风险发生次数”和“自有风险发生次数”来衡量
控制变量	户主性别（*h－sex*）	二值变量。户主性别为男性赋值为 1，否则赋值为 0
	户主年龄（*h－age*）	被采访户主的实际年龄数
	户主健康状况（*h－heth*）	二值变量。户主健康赋值为 1，否则赋值为 0
	户主受教育程度（*h－edu*）	“小学”＝1；“初中”＝2；“高中”＝3；“大学及以上”＝4
	家庭所在地地形（*geography*）	二值变量。家庭所在地地形为平原赋值为 1，否则赋值为 0
	家庭劳动力人口数量（*labor*）	被采访家庭中有劳动收入的成员个数
	土地耕种面积（*land*）	被采访家庭耕地面积数量
	外出务工情况（*migr*）	二值变量。家庭成员有人外出务工赋值为 1，否则赋值为 0
	经营性收入情况（*manage*）	二值变量。家庭有小卖部赋值为 1，否则赋值为 0
	需要经济支撑的孩子数量 *children*	被采访家庭需要经济支持的孩子数量
	经常往来的亲戚个数（*relative*）	被采访家庭经常走访的亲戚数量
	亲戚朋友的帮助（*help*）	“作用无”＝1；“作用一般”＝2；“作用较大”＝3；“作用大”＝4
	房屋类型（*house*）	“窑洞和土坯”＝1，“砖瓦”＝2，“钢筋混凝土”＝3
	银行存款（*deposit*）	二值变量。家庭有银行存款赋值为 1，否则赋值为 0
	家庭资产 *car*	二值变量。家庭有小汽车、三轮车或拖拉机赋值为 1，否则赋值为 0
	急需用钱是否先向亲戚朋友求助（*urgency*）	二值变量。家庭急需钱向亲戚朋友借款赋值为 1，否则赋值为 0
	商业保险购买情况（*insurance*）	二值变量。家庭有购买商业保险赋值为 1，否则赋值为 0

5.3.2 模型选取

本部分研究的是大病、灾害等风险冲击作用于连片特困区农户贫困的实证分析，前面我们将农户的贫困状况作为被解释变量，用 *poor* 表示，其取值为 0 或者 1，是个离散变量，因此，我们选择用 Probit 模型。

$$poor_i = \beta_0 X_i + \beta_1 h-sex_i + \beta_2 h-age_i + \beta_3 h-heth_i + \beta_4 h-edu_i + \beta_5 geography_i + \beta_6 labor_i + \beta_7 land_i + \beta_8 migr_i + \beta_9 manage_i + \beta_{10} children_i + \beta_{11} relative_i + \beta_{12} help_i + \beta_{13} house_i + \beta_{14} deposit_i + \beta_{15} car_i + \beta_{16} urgency_i + \beta_{17} insurance_i + \mu i = 1, 2, \cdots, n$$

其中，i 表示第 i 个样本，$i=1, 2, \cdots, n$ 。

5.3.3 实证结果及分析

通过使用 Eviews 软件，对回收的有效调查问卷数据进行整理，分别对 4 个连片特困区即秦巴山区、武陵山区、滇桂黔石漠化地区和四省藏区农户进行 Probit 回归分析，得到的实证结果如表 5-3 所示。

表 5-3 4 个连片特困区的回归结果

变量	秦巴山区	武陵山区	滇桂黔石漠化地区	四省藏区
commrk	0.0424	1.1534***	0.3565	3.5949**
ownrk	0.0042	0.3097**	0.2468	1.9948
chrork	0.4372	0.868854	0.2390	2.1271
mcutrk	1.1381	0.6014	1.0778**	2.5438***
h-age	-0.0043	0.0146	-0.0601**	-0.0135
car	0.9718	0.1699	-0.2407	-1.996
children	-0.1904	-0.1131	-0.1224	0.7163
deposit	-0.7221**	-0.9911	0.0060	-1.6532**
h-edu	-0.2583	0.0894	-0.2855	-1.6949
h-sex	0.4562	2.1739	0.9571	-0.5555
geography	-2.4748**	-0.9304	0.2038	-4.379
h-heth	0.8660	-1.2464	0.1779	-1.245
help	-0.1282	-0.7197	-0.3885	-0.500

续表

变量	秦巴山区	武陵山区	滇桂黔石漠化地区	四省藏区
house	-0.5417	-0.1093	0.0374	-0.531
insurance	-0.5182	-1.1479	0.2315	0.0800
labor	0.3345	-0.9602 * * *	0.1819	-2.0731
land	-0.1936 *	-0.313	-0.0661 * *	0.0211
manage	-1.3694	-2.4627 * *	0.1655	-1.5296 * *
relative	0.0463	0.5811	-0.1020	0.1961
urgency	-0.3822	-0.1654	0.5133	2.5091
migr	-1.5316 *	-3.5669 *	-0.7255 * * *	-6.3362 *
R^2	0.6150	0.5862	0.4135	0.5130

注：* 表示在1%的水平上显著，* * 表示在5%的水平上显著，* * * 表示在10%的水平上显著。

从上面的实证结果来看，我们可以发现：

（1）4 个连片特困区：秦巴山区、武陵山区、滇桂黔石漠化地区和四省藏区的模型拟合优度分别为0.6150、0.5862、0.4135 和0.5130，总体来看，Probit 模型对这 4 个地区样本观测值的拟合程度比较好，由此可知，选取 Probit 模型进行实证分析是合适的。

（2）从表5-3 中的实证结果可以看出，就4 个连片特困区整体而言，共同风险、自有风险、慢性病和急性病的系数都为正值，说明风险冲击对连片特困区农户家庭致贫产生了正向影响，即风险越大，慢性病和急性病越多，农户家庭越容易陷入贫困，当农户家庭面临风险冲击时，农户的抗击风险能力越弱，就越容易陷入贫困。但部分变量影响并不显著，可能是由于问卷调查的对象只是4 个连片特困区部分农户，调查样本覆盖地区不均匀和地区内覆盖面不足；同时，这4 个连片特困区整体上银行存款、户主受教育程度、亲戚朋友的帮助、家庭经营性收入情况、外出务工对农户家庭贫困都产生了负向影响，说明对于连片特困区农户而言，农户银行存款越多、亲戚朋友的帮助作用越大，越有可能提高农户家庭抵御风险冲击的能力以及增强农户受到风险冲击后家庭尽快恢复正常的生活和生产可能性。而农户户主受教育程度越高，农户接受和理解国家及各级政府有关的惠农扶贫政策越快，相较于其他人能尽可能地按照各项政策改变家庭种植养殖种类及规模，能越早享受到政策带来的实惠，农户户主的受教育程度越高则越可能在从事土地劳作外，利用空闲时间以个人知识或技能为基础从事其他附加值高的服务行业或者建筑行业等，以此提高农户家庭总收入，农户有家庭经营性业务则能增加农户家庭的收入来源渠道，一般情况下，这会给农户家庭带来较为稳定的收入来源，使得农户家庭的收入多一些保障，可以相对有效地缓解农户家庭的贫困程度；农户外出务工则对 4 个连片特困区农户贫困与否均有显著的负向影响，说明在目前的发展阶段，对于连片特困区农户而言，户主和家庭劳动力外出务工是一段时间内提高农户家庭收入和增加农户家庭收入来源的有效途径，这表现为农户家庭劳动力外出务工所获得的收入一般都远高于其从事家庭种植业或养殖业所带来的收入，收入的提高可以有效降低农户家庭的贫困程度和增强农户家庭抗击风险冲击的能力。

（3）从 4 个连片特困区分别来看，就秦巴山区而言，农户资产、户主的健康状况、农户家庭劳动力数量对农户贫困产生了较大的影响，但不显著，说明除疾病冲击和风险冲击易使农户致贫外，其他农户自身的因素也会影响其贫困状况。户主作为家庭支柱，其健康状况良好则能给农户家庭带来更多的劳动收入，否则不仅无法帮助农户家庭增加收入，反而会由于疾病使得农户家庭发生更多的药物和住院支出，给农户家庭带来经济负担。劳动力对于农户家庭来说也是非常重要的，劳动力数量越多，越会给农户家庭带来更多的收入渠道和可能性；就武陵山区而言，户主性别、户主健康与否、农户是否买保险对农户家庭贫困产生的影响却不显著，说明农户户主自身健康程度和转移风险策略是影响农户家庭贫困状况的因素，但并不是导致农户家庭贫困的主要因素；就滇桂黔石漠化地区而言，户主年龄、土地面积、对农户贫困与否均有显著的负向影响，可能是由于该地区农户家庭收入以种植业和外出务工为主，户主年龄越大，外出务工的劳动力年龄就越小，处于青壮年的劳动力往往会获得较多收入，所以会显著改善农户家庭的收入状况，降低农户贫困程度。而在家务农的农户家庭劳动力年龄往往偏大，劳动能力比较弱，难以从事过重的体力劳动，而且当地容易受到自然环境的影响，如土地贫瘠、气候变化以及季节性过度降水冲刷土地表面，使得地表养分被冲走，导致在家务农的农户收入较少，容易陷入贫困；就四省藏区而言，银行存款、经营性业务、外出务工对农户家庭贫困与否产生了显著的负向影响，说明经营性业务和外出务工均对减轻当地农户家庭贫困有一定的作用，该地区农户家庭可以进一步扩展经营性业务和增加外出务工时间来提高收入。

5.4 稳健性检验

由于疾病冲击和风险冲击指标的选取对本书的实证结果非常关键，为了进一步检验实证结果的稳健性，我们除了用“有无慢性疾病支出”和“近三年有无急性疾病或医疗事故支出”来衡量疾病冲击，用“共同风险发生次数”和“自有风险发生次数”来衡量风险冲击，还重新选取其他相关指标进行衡量。

对于疾病冲击，选取“慢性疾病治疗支出”和“近三年急性疾病或医疗事故支出”重新进行衡量；对于风险冲击，选取“是否有主要劳动力去世”这一非自然风险重新进行衡量，有则为1，没有则为0。控制变量的选取仍然与上述实证检验选取的指标内容相一致，被解释变量为“是否贫困”，贫困为1，否则为0，数据来源于前面所述收回的有效调查问卷（见表5－4）。

表5－4　4个连片特困地区的稳健性检验结果

变量	秦巴山区	武陵山区	滇桂黔石漠化地区	四省藏区
labor risk	0.0214	1.0021***	0.2056	3.2673**
chronic spending	－0.4299	0.7896	0.2580	3.0978
mcutrk spending	1.4217	0.6018	2.1362**	3.1308***
h－age	－0.0103	0.0154	－0.0723**	－0.0125
car	0.9817	0.1849	－0.2402	1.9763
children	－0.1906	－0.1207	－0.1284	0.6163
deposit	0.7324**	－0.8711	0.0120	1.6432**

续表

变量	秦巴山区	武陵山区	滇桂黔石漠化地区	四省藏区
h - edu	0. 2463	0. 0984	-0. 1754	1. 6949
h - sex	0. 4332	2. 1641	0. 8971	-0. 4965
geography	2. 4698 * *	0. 9254	0. 2328	3. 9791
h - heth	0. 8921	1. 3571	0. 2009	-1. 2457
help	-0. 4232	-1. 0287	-0. 3165	-0. 4112
house	-0. 5237	-0. 2143	0. 1076	-0. 2310
insurance	-0. 4192	1. 0499	0. 3001	0. 0810
labor	0. 3245	-0. 9342 * * *	0. 2919	-1. 2611
land	-0. 2925 *	-0. 7219	-0. 0531 * *	0. 0312
manage	-1. 2994	-2. 8602 * *	0. 1344	-1. 5134 * *
relative	0. 0331	0. 4856	-0. 2010	0. 2103
urgency	-0. 4232	-0. 2439	0. 4123	1. 9832
migr	-2. 0902 *	-4. 0010 *	-0. 6242 * * *	-4. 5392 *
R^2	0. 5149	0. 4998	0. 5145	0. 6050

注：*表示在1%的水平上显著，* *表示在5%的水平上显著，* * *表示在10%的水平上显著。

通过将稳健性检验的实证结果与前面的Probit实证分析结果进行比较，我们发现，在用“是否有主要劳动力去世”作为风险冲击的替代指标后，实证结果显示风险冲击对武陵山区农户和四省藏区农户形成贫困的影响仍然是显著的；在用“慢性疾病治疗支出”和“近三年急性疾病或医疗事故支出”作为疾病冲击的替代指标后，急性病支出对滇桂黔石漠化地区农户和四省藏区农户形成贫困的影响也是显著的。与之前的实证结果基本一致，说明当我们用不同的指标作为风险冲击和疾病冲击的替代指标时，大多数替代变量的检验结果基本是稳健的。这说明本章的检验结果具有一定的普遍性和适用性。

6 中国连片特困区农户的脆弱性与贫困关系以及影响因素的实证分析

6.1 中国连片特困区农户的脆弱性与贫困关系的实证分析

6.1.1 贫困脆弱性测度模型

国内外度量贫困脆弱性的方法中，预期的贫困脆弱性 VEP（Chaudhuri et al.，2002；Christiansen，Subbarao，2001；Pritchett et al.，2000）被普遍接受，其含义为：风险或冲击导致的福利水平跌落至某一公认的福利水平标准之下的可能性，具体来说，表示个人或家庭在 t 期的贫困脆弱性就是其在 $t+1$ 期因为遭受的风险冲击导致福利水平低于贫困线的可能性，贫困脆弱性是一个概率值。贫困脆弱性的数学表述为：

$$v_{i,t} = Pr(c_{i,t+1} \leqslant z) \tag{6-1}$$

在式（6-1）中，$v_{i,t}$ 表示的是农户 i 在第 t 期贫困的贫困脆弱性大小，是一个取值在 0～1 之间的数值，该数值越大，表示贫困脆弱性越高，农户未来陷入贫困的概率越高，农户的生活水平越糟糕；该数值越小，表示贫困脆弱性越低，农户未来陷入贫困的概率越低，农户的生活状态越好；$c_{i,t+1}$ 表示第 $t+1$ 期农户的福利水平，福利水平一般用收入或消费来表示；z 代表福利标准，一般使用贫困线代替，国内的贫困线是每人每年人均纯收入 2300 元，国际的贫困线包括每人每天人均消费 1 美元、1.25 美元，2 美元，现在国际上最新的贫困线是每人每天人均消费 1.9 美元，国内、国际根据不同依据有不同的贫困标准，贫困线选取的不同会对贫困脆弱性产生比较大的影响。此处需要说明的是，在国际和国内的研究中，学者一般选择收入或消费来代表福利水平，本章使用收入代表福利水平，基于以下原因：①消费难以统计，我国农户消费具有分散性和难以统计的特征；②收入相较消费更加准确，连片特困区农户对自有资产的消费占比量较大，如对自家所种粮食、蔬菜的消费等未包括在总消费的范围内。因此贫困脆弱性大小为：

$$v_{i,t} = Pr(I_{i,t+1} \leqslant z) \tag{6-2}$$

其中，$I_{i,t+1}$ 表示农户 i 在 $t+1$ 期的收入。

本章使用 Tesliuc 和 Lindert（2002）的方法来估算贫困脆弱性的大小，这两位学者使用三阶段最小二乘估计方法估计贫困脆弱性，可以有效解决我国只有截面数据、缺乏时间序列数据和面板数据的问题，在计算中使用未来消费的均值和方差来估计预测贫困脆弱性的数值，详细计算过程如下所示：

（1）假设农户收入服从的分布是对数正态分布，将收入的对数 $\ln(I_i)$ 表示为农户特征 X_i 和扰动项 e_i 的函数，农户特征的含义比较丰富，包括户主的年龄、户主的教育水平、农户的劳动力数量等，农户特征后面会进行进一步的讨论，如式（6－3）所示：

$$\ln(I_i) = X_i\beta + e_i \tag{6-3}$$

e_i 的均值为 0，产生的原因是存在某些农户特征没有被观察到或者被忽略，或者一些特有的风险冲击导致农户未来的收入产生波动；β 表示参数，是一个与农户特征 X_i 的行数、列数相反的矩阵，低收入农户相较高收入农户可能会面临更大的收入波动，因此考虑 e_i 与农户特征之间的关系，从而得出 e_i 的影响因素。

（2）假设 e_i 的方差可以用式 $\sigma^2_{e,i} = X_i\theta$ 来表示，θ 同样表示参数。通过式（6－2）得到 β 和 e_i，然后得到 θ。此时，式（6－3）可以变为：

$$\frac{\ln(I_i)}{\sqrt{X_i\theta}} = \left(\frac{X_i}{\sqrt{X_i\theta}}\right)\beta + u_i \tag{6-4}$$

其中，$u_i = \frac{e_i}{\sqrt{X_i\theta}}$ 服从均值为0、方差为1的标准正态分布。

（3）贫困脆弱性可以使用式（6－5）进行估算：

$$v_i = P(\ln(I_i) < \ln z \mid X_i) = \Phi(\frac{\ln z - X_i\beta}{\sqrt{X_i\theta}}) \quad (6-5)$$

Φ 表示标准正态分布的累积分布函数。通过上述步骤就得到了贫困脆弱性的估计值。需要说明的是，不同的农户都会计算出一个贫困脆弱性数值，因此 $v_{i,t}$ 的个数与农户的个数相同。

6.1.2 中国连片特困区贫困和脆弱性关系的实证分析

6.1.2.1 数据来源

此次数据来自2015年和2016年国家社科基金4个调研组对秦巴山区、武陵山区、滇桂黔石漠化地区、四省藏区四个连片特困区的调查，采取入户调查的方式，共调查了3000个农户，调查对象皆为户主，调查内容包括家庭基本情况、2014年家庭收支情况、风险冲击、家庭资本、信贷与保险情况等，其中家庭资本包括物质资本、社会资本、自然资本、人力资本、金融资本。共获得问卷2800份，其中有效问卷数为2318份，占问卷总数的82.79%，已在之前的部分有过介绍。

6.1.2.2 贫困线和脆弱线的选取

我国贫困线为每人每年人均纯收入2300元，按照我国的贫困线标准和项目组对连片特困区调研的结果，我国连片特困区的贫困发生率为37.05%。世界银行（2015）提出了新的国际贫困线，即1.9美元/人·天，按照世界银行2014底购买力平价（PPP）的转化因子3.8来算，新的国际贫困线为2635.3元/人·年。按照世界银行的标准，连片特困区的贫困农户占比为44.93%。本部分使用国内贫困标准和国际贫困标准同时进行研究。

不同农户的贫困脆弱性不同，使用脆弱线对农户进行区分是很关键的，但是Chaudhuri（2002）等提出脆弱线的选取是主观的，许多学者选取0.5作为脆弱线（Christiaensen and Subbarao，2005；Echevin，2013；Imai et al. , 2010; Zhang and Wan, 2006)。农户的贫困脆弱性如果大于等于 0.5，则称为脆弱，表示农户下一期有很大的概率陷入贫困；反之，则称为非脆弱，表示农户下一期陷入贫困的概率比较小。此外，Rajadel（2002）认为脆弱线与贫困线相关，通过使脆弱农户占比与贫困农户占比相等，计算出脆弱线。Zhang 和 Wan（2008）使用这两个脆弱线对农户状况进行了度量，发现脆弱线 0.5 对农户未来真实状况的估计效果更好，因此，本章将使用 0.5 作为脆弱线，将贫困脆弱性低于 0.5 的农户称为非脆弱农户，将脆弱性不低于 0.5 的农户称为脆弱农户。

6.1.2.3 中国连片特困区脆弱性的测度

对中国连片特困区的 2318 个农户的贫困脆弱性按照 VEP 模型进行计算，求出了每个农户的贫困脆弱性数值，并作出其频数分布直方图，得到图 6 -1 和图 6 -2。图 6 -1 表示在我国 2300 元的贫困线标准下，中国连片特困区农户的贫困脆弱性频数分布直方图，图 6 -2 表示在国际线 1.9 美元的贫困线标准下我国连片特困区农户的贫困脆弱性频数分布直方图。

由图 6 -1 和图 6 -2 可以得出，在不同的贫困线标准下，农户的贫困脆弱性指数分布比较相似。在贫困线在 2300 元的标准下，农户的贫困脆弱性指数分布比较平均，即在 0 ~0.2 个区间、0.2 ~0.4 个区间、0.4 ~0.6 个区间、0.6 ~0.8 个区间、0.8 ~1.0 5 个区间内分布的农户比较平均，有大于 50% 农户的贫困脆弱性小于 0.5，有不到 50% 农户的贫困脆弱性大于 0.5，即有接近一半的农户是脆弱农户，剩余的农户是非脆弱农户。所有 2318 个农户的平均脆弱性指数是 0.46，略小于 0.5，标准偏差 0.278。在 1.9 美元的贫困线标准下，农户的脆弱性指数分布也比较平均，稍有不同的是，在 0.4 ~0.8 这个区间内分布的农户更多，平均贫困脆弱性是 0.51，标准偏差 0.281，与在我国贫困标准线下所得出的平均脆弱性指数 0.46 接近。这说明总体来看，用我国的贫困标准线和国际的贫困线标准，得出的脆弱性指数都是接近的。国际贫困线下我国贫困脆弱性指数更大，贫困脆弱性的指数相对较小，产生这种现象的原因是国际贫困线略高于我国的贫困线，从此处可以看出贫困线选取的重要性，贫困线选取的差距越大；计算出来的农户的贫困脆弱性的差距也就越大，贫困线选取的差距越小，计算出来的农户的贫困脆弱性的差距就越小。

我国连片特困区有接近一半农户的脆弱性高于0.5，这是一个比较高的数值，说明连片特困区农户未来福利水平较低，且生活水平的不确定较高，政策倾向于中国连片特困区是很有必要的，全面建成小康社会的一个重要标准就是解决区域性整体贫困，政策的重视和当地政府的行动必不可少，尤其是对这些脆弱农户来说。一个重要做法就是建立农户的脆弱性风险档案，在国家的政策层面上，建立农户的风险档案是国家“精确扶贫”政策的一个有效角度，尤其是重视事前的风险预警，建立针对地区的基本风险脆弱性档案并进行相应的政策倾斜，有助于解决区域性整体贫困。在农户措施层面上，重视事后的风险缓释，积极参与商业保险，尤其是关于疾病的商业保险，可以降低未来的不确定性，从而降低疾病导致的贫困脆弱性增加的可能性。

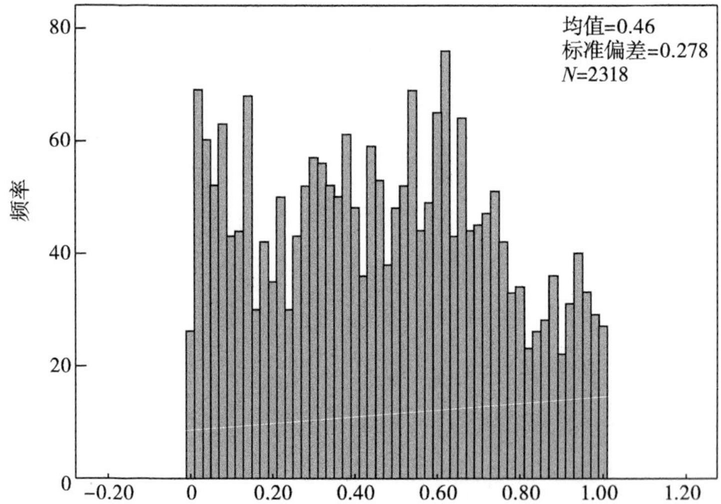

图6－1　贫困线是2300元的脆弱性的频数分布直方图

资料来源：国家社科基金四个调研组对秦巴山区、武陵山区、滇桂黔石漠化地区、四省藏区的问卷调查。

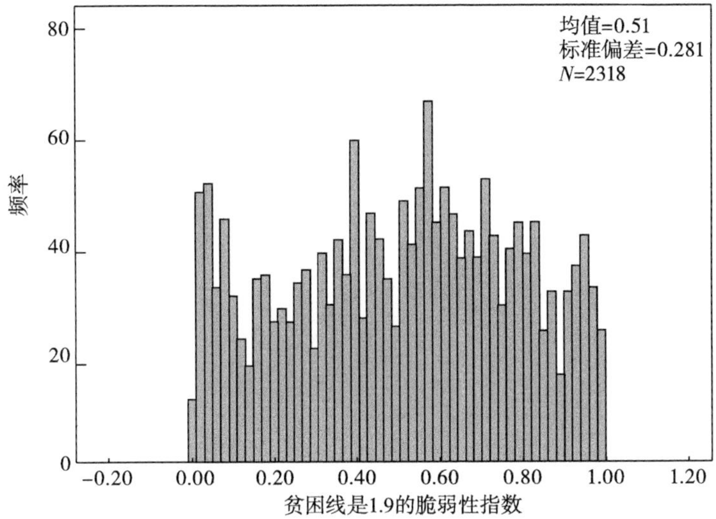

图 6-2 贫困线是 1.9 美元的脆弱性的频数分布直方图

资料来源：国家社科基金四个调研组对秦巴山区、武陵山区、滇桂黔石漠化地区、四省藏区的问卷调查。

6.1.2.4 中国连片特困区贫困和脆弱性关系的实证分析

应用 Tesliuc 和 Lindert（2002）的方法，得到了农户的贫困脆弱性指数，此处将我国连片特困区农户的收入和贫困脆弱性的关系展示出来，可以得出贫困与贫困脆弱性的关系。如图 6-3 所示，上图表示在每人每年 2300 元的贫困标准下，2318 个农户的脆弱性与收入关系的散点图；下图表示在每人每天 1.9 美元的贫困标准下，2318 个农户的贫困脆弱性与收入关系的散点图。

图 6-3 的横轴表示人均纯收入的对数，纵轴表示农户的贫困脆弱性指数。上下两图中纵线表示相应的贫困线，贫困线将农户分成贫困农户与非贫困农户。由上下两图中可以看出，农户主要集中在贫困脆弱、非贫困非脆弱两个区域，收入与贫困脆弱性之间呈现出负向关系，表示农户越贫困，其贫困脆弱性越高，即将来贫困的可能性越大；而越富有的农户贫困脆弱性越低，越不可能陷入贫困。以我国贫困线标准下的上图为例再次考虑脆弱线 0.5，贫困的农户又被进一步分为贫困脆弱农户和贫困非脆弱农

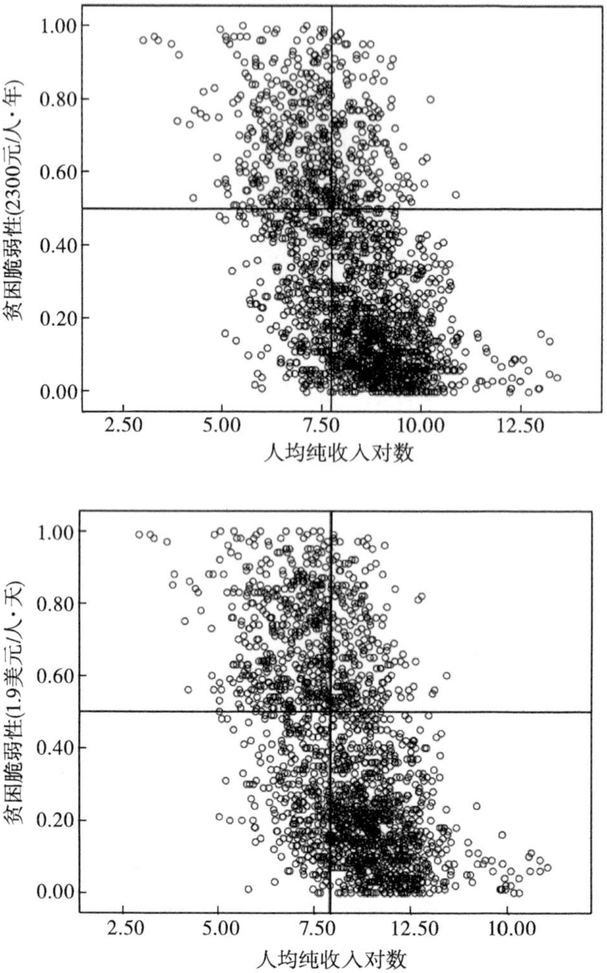

图6－3　不同贫困线标准下收入与脆弱性关系

注：上图的贫困标准是人均纯收入每人每年2300元，下图的贫困标准是每人每天1.9美元；上下两图中的竖线表示相对应的贫困标准，横线表示脆弱线0.5；上、下两图的每一个点表示一个农户，表示的含义是贫困脆弱性指数和人均纯收入对数的数值。

资料来源：国家社科基金四个调研组对秦巴山区、武陵山区、滇桂黔石漠化地区、四省藏区的问卷调查。

户，贫困脆弱农户表示当期贫困的农户下期有较高的概率继续贫困，平均脆弱性为0.7548，贫困非脆弱农户只是暂时性贫困，下期很可能脱离贫困，平均脆弱性为0.3178。同样地，非贫困农户被分为非贫困脆弱农户和非贫困非脆弱农户，非贫困脆弱农户表示当期不贫困的农户下期有较高的概率进入贫困，其平均贫困脆弱性指数是0.6653，而非贫困非脆弱农户表示当期不贫困的农户下期继续在贫困线以上，平均脆弱性指数是0.2066。

图6-3下图显示在人均每天消费1.9美元的国际标准下，贫困脆弱、贫困非脆弱、非贫困脆弱、非贫困非脆弱4个区域的平均脆弱性分别为0.7713、0.3317、0.6821、0.2203，与上图相比，4个区域的脆弱性都有所增大。由此可知，相较于我国的贫困线标准，国际标准的贫困线更高，农户的脆弱性也更高。

为了分析不同类型的农户，对不同类型农户的占比情况作进一步整理，得到表6-1，A、B、C、D 4个区域分别代表贫困脆弱、非贫困脆弱、贫困非脆弱、非贫困非脆弱，可以得到以下结论：第一，在我国贫困线的标准下，A+C区域代表人均纯收入低于贫困线的农户，即贫困农户占被调查农户的37.05%，而B+D部分代表人均纯收入高于贫困线的农户，即非贫困农户占比62.95%。46.22%的脆弱农户由A+B区域来表示，53.78%的非脆弱农户由区域C+D来表示。既非贫困也不脆弱的农户占所有农户的42.17%，这部分农户的收入和未来的收入都处于一个相对安全的水平，而有57.83%的农户可能处于当期贫困或者脆弱的状态中。第二，25.50%的农户贫困且脆弱，这部分农户下一期很可能会继续贫困，可能因为收入低、风险冲击持续等原因而无法采取有效的措施脱离贫困，属于慢性贫困。现在的贫困农户不一定脆弱，这部分农户占比11.55%，因为当前的贫困是暂时的，下期可能会脱离贫困，属于暂时性贫困，可能因为采取了有效的抵御风险冲击的手段而使生活福利水平提高，或者当前的风险冲击是暂时的，下期风险冲击消失的时候，生活福利水平自然提高。总之，暂时性贫困产生的原因是多种多样的，脱离贫困的原因也是多种多样的。贫困农户所占比重和脆弱农户所占比重不同，以及存在贫困非脆弱农户等现象都说明贫困和脆弱性是度量农户状况的两个不同的角度。第三，贫困农户中脆弱的农户比例为68.83%，显著高于非贫困农户中脆弱农户的比例（32.92%），因此，贫困农户更易成为脆弱农户，脆弱性与贫困是息息相关的，过去的福利水平具有一定的延续性，是因为收入具有延续性，某些风险冲击也具有延续性，如慢性疾病具有延续性，这些不利的因素对农户造成的负面影响是持续存在的。第四，从脆弱性角度来讲，非贫困脆弱农户占总农户比例为20.72%，这些农户是政策扶持的重点，这些农户虽然当期并没有贫困，但是下一期很可能会陷入贫困之中，而传统基于贫困线的扶贫策略是对陷入贫困的农户进行帮助，是贫困发生之后的一种事后行为，所以传统扶贫策略并不能覆盖到这部分农户，采取脆弱性作为扶贫标准，可以事先对农户未来的生活状态进行预测，并前瞻性地提供帮助，可以帮助农户在未进入贫困以前，有效地抵制贫困的发生。因此，脆弱性指标可以更加准确地度量农户状况，并为扶贫精准度提供有利参考。

在1.9美元的贫困标准下，贫困农户占总农户的44.93%，非贫困农户占比为55.07%，脆弱农户占比为53.18%，非脆弱农户占比为46.82%，贫困脆弱、贫困非脆弱、非贫困脆弱、非贫困非脆弱农户分别占被调查农户的35.46%、9.47%、18.72%、36.25%。与我国贫困线相比，贫困农户占比提高，脆弱农户占比提高，并且贫困脆弱农户、非贫困非脆弱农户占比提高（见表6-1）。

表6-1　基于收入脆弱性的种类

		脆弱性	
		脆弱农户 $v \geq 0.5$	非脆弱农户 $v < 0.5$
贫困状况（贫困线：2300元）	贫困	（A）25.50%	（C）11.55%
	非贫困	（B）20.72%	（D）42.23%
贫困状况（贫困线：1.9美元）	贫困	（A）35.46%	（C）9.47%
	非贫困	（B）18.72%	（D）36.25%

资料来源：国家社科基金四个调研组对秦巴山区、武陵山区、滇桂黔石漠化地区、四省藏区的问卷调查。

为了估计不同脆弱性水平下农户的收入分布，用R软件得到如图6-4所示的核密度分布图，其横纵坐标分别表示人均纯收入与我国贫困线的比例和概率密度分布。图中的竖线表示人均纯收入等于我国的贫困线，这条线将该图分为两个区域，左区域表示贫困农户，右区域表示非贫困农户。图中的曲线表示图中对应贫困脆弱性的概率密度，每一条曲线下方的面积等于1，图中贫困脆弱性高于0.7的曲线分布主要位于左侧，表示贫困脆弱性大于0.7的大部分农户的收入低于贫困线，为贫困家庭，而贫困脆弱性低于0.3的分布主要位于右侧，表示此区间内大部分农户为非贫困农户。贫困脆弱性位于0.3~0.7之间的农户分布在竖线两边区域，相对平均。此外，由图6-4也可知，随着贫困脆弱性的减少，分布函数位于左侧的面积逐渐减小而右侧的面积逐渐增大，意味着有更大比例的农户的收入高于贫困线，非贫困农户占比提高，贫困农户占比降低。因此，收入与贫困脆弱性之间存在此消彼长的关系，提高农户收入不仅是脱贫最有效的方法，而且是降低农户脆弱性的有效方法。

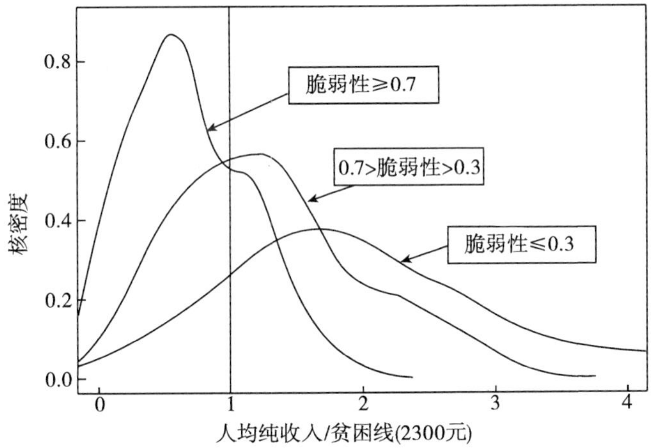

图6-4 不同脆弱性程度下的收入分布

注：核密度分布图的英语为“kernel density”，描述的是所研究变量的概率密度分布。

资料来源：国家社科基金四个调研组对秦巴山区、武陵山区、滇桂黔石漠化地区、四省藏区的问卷调查。

6.2 中国连片特困区农户的脆弱性影响因素的实证分析

6.2.1 模型建立

6.2.1.1 变量的选取

（1）因变量

因变量为农户的贫困脆弱性，使用 Tesliuc 和 Lindert（2002）的方法估算出来的贫困脆弱性，已在之前计算出来。该变量作为因变量突破了传统的收入或消费作为因变量的限制，可以更准确前瞻地去探讨连片特困区农户下期生活状况的影响因素，这里继续分别使用国内贫困线和国际贫困线下的贫困脆弱性作为因变量，贫困脆弱性是一个取值为 0 ~ 1 的连续数值型变量。

（2）自变量

由前几章的分析可知，影响贫困脆弱性的两个主要因素是风险冲击和应对风险冲击的能力。基本风险和特定风险冲击的次数是两个衡量风险冲击的变量。基本风险包括地震、干旱、水灾、冰雹、泥石流等，特定风险冲击包括疾病、失业、结婚、生育、丧事、重大牲畜死亡、失窃等。此外，由于疾病对农户的影响程度比较大，且慢性疾病和急性疾病对农户的影响不同。另外，考虑了“家庭成员是否患有慢性疾病”和“近三年是否有家庭成员患有急性疾病”对贫困脆弱性影响的大小。基本风险冲击次数、特定风险冲击的次数是非连续数值型变量，而“是否患有慢性疾病”和“近三年是否有家庭成员患有急性疾病”是分类型变量，取值为 0 和 1，0 代表未患有疾病，1 表示患有疾病。

应对风险冲击的能力取决于家庭资本，家庭资本由 5 个维度来体现，分别指人力资本、社会资本、物质资本、金融资本、自然资本。人力资本：户主受教育程度。社会资本：2014 年随礼次数、经常往来亲戚朋友的个数。物质资本：房屋层数、房屋的类型、是否有大型车辆。金融资本：是否有银行存款。自然资本：土地耕种面积。户主的教育程度是一个顺序型变量，取值为1、2、3、4，分别代表户主受教育程度在小学及以下、初中、高中、大学及以上，户主教育类型会在一定程度上影响农户的收入水平；经常往来亲戚、朋友的个数是一个非连续性数值型变量；房屋层数是一个非连续数值型变量；房屋类型是一个顺序型变量，取值为1、2、3，分别代表窑洞土坯房、砖瓦房、钢筋混凝土房，房屋类型代表了农户的生活水平；家庭资产—汽车是一个分类型变量，取值为1和0，分别代表有和无。家庭资产—拖拉机是一个分类型变量，取值为1和0，分别代表有和无，拖拉机等资产会对农户的生产能力产生比较大的影响。是否有银行存款是一个分类型变量，取值为1和0，分别代表有和无，银行存款是一种储备资产，在家庭遇到不利风险冲击的时候发挥着重要的作用。土地耕种面积是一个数值型变量，在很大程度上影响了农户的土地产出数量。

(3) 控制变量

控制变量包括户主性别、户主年龄、家庭规模、户主身体状况、劳动力的数量、家庭成员是否外出务工等。户主性别是分类型变量，取值为1、0，分别代表男性、女性。户主年龄是非连续分类型变量。户主的身体状况是分类型变量，取值为1和0，分别代表良和差。家庭规模表示农户家中的人口数量，是非连续型数值型变量。劳动力的数量是非连续型数值型变量。是否有家庭成员外出务工是分类型变量，取值为0和1，分别代表有和无成员外出务工。需要说明的是，在我国的社会现状下，外出务工是一个很普遍的现象，会对一个家庭的经济产生比较大的影响，同时外出务工有助于该家庭获得一些较前沿的生活生产知识，能帮助农户提高其福利水平。详细的变量类型、变量名称以及变量的解释如表6-2所示。

表6-2 变量定义

变量类型	变量名称	变量的解释
被解释变量	v_1	2014年贫困线为2300元的贫困脆弱性
	v_2	2014年贫困线为1.9美元的贫困脆弱性

续表

变量类型	变量名称	变量的解释
解释变量：风险冲击	*commrk*	基本风险发生的次数
	ownrk	特定风险发生的次数
	chrork	是否有家庭成员患有慢性疾病（1 = 是；0 = 否）
	mcutrk	最近三年是否有家庭成员患有急性疾病（1 = 是；0 = 否）
解释变量：应对风险冲击的能力	*h - edu*	户主受教育程度（1 = 小学以下；2 = 初中；3 = 高中；4 = 大学及以上）
	relative	经常往来亲戚、朋友的个数
	floor	房屋层数
	type	房屋类型（3 = 钢筋混凝土；2 = 砖瓦；1 = 窑洞土坯房）
	car	家庭资产—汽车等（1 = 有；0 = 无）
	tractor	家庭资产—拖拉机等（1 = 有；0 = 无）
	bank	是否有银行存款（1 = 有；0 = 无）
	scale	土地耕种面积（单位：亩）
控制变量	*h - sex*	户主性别（1 = 男；0 = 女）
	h - age	户主年龄
	h - heth	户主是否健康（1 = 是；0 = 否）
	num	农户家庭规模
	labor	劳动力数量
	migr	是否有人外出务工（1 = 是；0 = 否）

6.2.1.2 脆弱性的影响模型

根据上述分析，影响脆弱性的因素包括农户所遭遇的风险冲击及应对风险冲击的能力、家庭资本和农户的一些基本特征，由此来构建回归模型，如式（6-6）所示：

$$v_j = A_j \times risk + B_j \times cap + C_j \times norm + \varepsilon_j \qquad (6-6)$$

其中，V 表示农户的贫困脆弱性，j 表示不同的贫困线标准，j 取值是 1 和 2，当 j 取值为 1 时，v_j 表示农户在贫困线 2300 元下的贫困脆弱性；当 j 取值为 2 时，v_j 表示农户在贫困线 1.9 美元下的贫困脆弱性，v 表示的是农户陷入贫困的可能性，是一个概率值，因此其取值范围为［0，1］。*risk*，*cap*，*norm* 分别表示风险冲击、家庭资本和其他的控制变量，每一个变量都包含多个自变量，*risk* 表示的变量有基本风险发生的次数、特定风险发生的次数、是否有家庭成员患有慢性疾病、近三年是否有成员患有急性疾病；*cap* 表示的变量有户主受教育程度、经常往来亲戚朋友的个数、房屋层数、房屋类型、家庭资产—汽车、家庭资产—拖拉机、是否有银行存款、土地耕种面积；*norm* 表示的变量有户主性别、户主年龄、户主是否健康、农户的家庭规模、农户的劳动力数量、家中是否有人外出务工。每一个变量的具体含义，取值已在前面进行过讨论，此处不再赘述。此外，A、B、C 表示的是相应变量的系数向量，ε 表示误差项。

6.2.2 脆弱性影响因素的实证分析

6.2.2.1 统计性比较

连片特困区遭受的风险冲击较其他地区更严重，普惠金融致力于为社会所有群体提供金融服务，尤其是为农户提供金融服务，使农户搭上经济金融发展的便车，共享经济发展的果实。因此，农户参与普惠金融的状况可能也会对其贫困脆弱性产生比较大的影响。此处在我国贫困线和国际贫困线下，分别从风险冲击、家庭基本特征和农户参与普惠金融的现状三个角度来研究脆弱性。

（1）家庭基本特征。家庭的基本特征包括户主年龄、户主性别、户主身体状况和家庭规模。表 6 - 3 显示了在不同的贫困标准下对农户的特征分类，得到不同的脆弱性。以贫困线 2300 元为例，农户的脆弱性随着户主年龄的增大而上升，当户主年龄小于 30 周岁时，平均脆弱性只有 0.3710；当户主年龄大于 60 周岁时，平均脆弱性高达 0.6871，国际线下的脆弱性也得到了类似的结果。户主为男性的平均脆弱性明显低于女性的脆弱性，这是由于女性为户主的农户更多的是单亲。户主受教育程度是小学及以下与初中的平均脆弱性并没有显著差异，之后随着教育程度的提高，平均脆弱性呈显著下降趋势，从初中的 0.4675 下降到大学的 0.3286。家庭规模与脆弱性负向相关，可能的解释是，农户的人数越多，农户的负担就越大，自然影响福利水平，进而增大了其脆弱性。

表 6－3 不同农户特征类别与脆弱性

变量	特征	样本量 N	2300 元对应的脆弱性	1.9 美元对应的脆弱性
2014 年户主的年龄	≤30	195	0.3710	0.4162
	31～45	761	0.4100	0.4673
	45～60	1133	0.4735	0.5379
	>60	229	0.6871	0.7326
户主性别	男	2200	0.4541	0.5125
	女	118	0.6700	0.7316
户主受教育程度	小学及以下	398	0.5338	0.5711
	初中	1447	0.4675	0.5327
	高中	355	0.4236	0.4800
	大学及以上	118	0.3286	0.3853
家庭规模	≤3	422	0.3233	0.3771
	4	838	0.4191	0.4794
	5	542	0.5287	0.5824
	≥6	516	0.5892	0.6541

资料来源：国家社科基金四个调研组对秦巴山区、武陵山区、滇桂黔石漠化地区、四省藏区的问卷调查。

（2）风险冲击。表 6－4 显示了风险冲击次数的差异引起的平均脆弱性的差异。总体来说，无论农户的基本风险还是特定风险的发生次数增大，都会使农户的平均脆弱性增大。以我国贫困线为例，当基本风险冲击次数为 0 时，农户的平均脆弱性为 0.3954，当冲击次数达到 2 次及以上时，脆弱性高达 0.5642；当特定风险冲击次数为 0 次时，农户平均脆弱性是 0.4473，当冲击次数达到 2 次及以上时，平均脆弱性升到了 0.5083。基本风险的存在会对贫困脆弱性产生系统性影响，具有一定比例的农户的贫困脆弱性会因此受到影响，而特定风险的存在只会影响特定农户的贫困脆弱性。

此外，农户中是否有成员患有急性疾病、是否有成员患有慢性疾病对农户的贫困脆弱性产生了较大的影响，当有成员患有急性疾病时，农户的平均脆弱性是 0.5293，当农户没有成员患有急性疾病的时候，农户的平均脆弱性是0.4627，可见当农户患有急性疾病的时候会对农户的贫困脆弱性产生较大的影响。此外，当有成员患有慢性疾病时，农户的平均脆弱性是0.5378，当农户没有成员患有慢性疾病的时候，农户的平均脆弱性是0.4573，可见当农户患有慢性疾病的时候会对农户的贫困脆弱性产生较大的影响。这是因为大病可能会造成劳动力丧失，对农户来说是灾难性的。

表6－4 风险冲击次数与脆弱性

变量	特征	样本量 N	贫困线标准	
			2300元/人·年	1.9美元/人·天
2014年基本风险次数	0	857	0.3954	0.4560
	1	739	0.4241	0.4809
	≥2	721	0.5642	0.6211
2014年特定风险次数	0	735	0.4473	0.5019
	1	958	0.4613	0.5189
	≥2	625	0.5083	0.5712
是否有慢性疾病	有	778	0.5378	0.5455
	无	1540	0.4573	0.4621
近三年患有急性疾病	有	665	0.5293	0.5389
	无	1653	0.4627	0.4738

资料来源：国家社科基金四个调研组对秦巴山区、武陵山区、滇桂黔石漠化地区、四省藏区的问卷调查。

（3）农户参与普惠金融现状。我国连片特困区农户参与普惠金融的重要形式是储蓄、小额信贷、商业保险，分别从这三方面研究农户参与普惠金融对其平均脆弱性的影响，并分析原因。

①储蓄。由表6－5所示，以我国的贫困线为例，未参与储蓄的农户的平均脆弱性是0.5145，参与储蓄农户的平均脆弱性为0.4378，可见是否参与储蓄对农户产生了负向影响，参与储蓄会降低农户的贫困脆弱性，这可能是因为参与储蓄是一种事后的应对风险冲击的手段，通过平滑农户的消费，提高了农户应对风险冲击的能力，从而影响了农户的贫困脆弱性。

影响储蓄水平的因素有进行储蓄的难易程度、存款利率的高低、农户的收入水平等。如表6－5所示，不到50%的农户具有银行存款，在我国这个高储蓄的国家，这样的水平远远低于国家平均水平，造成这种现象的原因主要有两点：收入低和不易进行储蓄。低收入自然造成低储蓄，甚至无储蓄。我国连片特困区多山、交通不便，金融机构尤其是银行数量少，且主要集中在县城等人口数量较多的地方，位于其他地区的农户想要进行存款和取款所需要花费的时间多和成本大，导致有较小比例的农户在银行有储蓄。而参与储蓄会对农户的生活水平产生比较显著的影响，帮助农户增加储蓄，可以在一定程度上帮助农户降低贫困脆弱性。

②小额信贷。小额信贷是一种事后的风险管理手段，农户通过获取资金的形式，保证在基本风险或特有风险冲击发生之后可以有效地减少损失，恢复正常生活，甚至提高生活水平，从而影响了贫困脆弱性。如表6－5所示，没有参与小额信贷的农户的平均脆弱性是0.4919，参与小额信贷的农户的平均脆弱性为0.4801，可见是否参与小额信贷对贫困脆弱性产生的影响比较小，造成这种现象的原因有两种：一是当农户无法有效使用贷款去创造价值，其贷款对农户来说是一大负担，降低了农户的生活水平，使得脆弱性变化不显著；二是小额贷款对农户生活的影响具有一定的滞后性，发挥效用需要长时间的间隔，所以并不能通过脆弱性迅速体现出来。

决定小额信贷的影响因素有供给和需求，影响供给水平的因素有金融机构的数量，当地农户的信用水平、偿债能力、利息的高低等；影响需求水平的因素有贷款成本、收入水平等。秦巴山区进行小额信贷的原因通常有购置新房、购买农耕机械、看病、做生意等。由表6－5可知，中国连片特困区农户有小额贷款的农户占比为17.89%，这是一个比较高的数值。以陕西省安康市紫阳县为例，该县属于连片特困区中的秦巴山区，当地很多农户有扶贫搬迁贷款，主要目的是购置新房。可以得出，秦巴山区农户在政府政策的支持下，可以相对容易地得到扶贫搬迁贷款。但是，收入水平较低的农户很难通过自己的努力得到小额贷款。

③商业保险。由表6－5可知，没有参与商业保险的农户的平均脆弱性是0.5705，参与商业保险的农户的平均脆弱性为0.4293，可见，是否参与

商业保险对农户产生了负向影响，参与商业保险会降低农户的贫困脆弱性，这是因为农户通过参与商业保险可以影响应对风险管理的能力。通过为农产品购买农业保险，当面临自然灾害、农作物受损时，农户可以获得一定数量的补偿。通过为家庭成员购买健康险，当患上大病需要治疗的时候，健康险便发挥了作用，购买保险是一种事前的转移风险的形式。由此可见，商业保险作为一种事前应对风险冲击的能力，可以提前保障在农户遭受各种类型的风险冲击的时候获取相应的赔偿，用较少的保费使农户处于一个相对安全的生活状态之下。通过使用商业保险这种风险管理的手段，影响农户应对风险冲击的能力，从而影响了农户的贫困脆弱性。

商业保险包括财产保险、人寿保险和健康保险，保险是抵御风险、转移风险的有效工具，可以较小的成本去获得较大的保障。由表 6－5 可知，我国连片特困区农户购买商业保险的农户为 12.42%，未购买商业保险的农户为 87.58%，说明商业保险在连片特困区普及度较低，造成这种现象的原因有宣传力度不够、对保险的认识不足、有较少的合适的保险产品的供给、信息的不对称导致保险公司谨慎放贷、保险公司数量较少等。而农户参与商业保险对贫困脆弱性的作用比较大，因此，积极设计适合农户的商业保险、鼓励农户参与商业保险，对农户的生活水平会产生积极的影响。

表 6－5　农户参与普惠金融现状与贫困脆弱性

变量	特征	样本量 N	贫困线标准	
			2300 元/人·年	1.9 美元/人·天
是否在银行有储蓄	无	1193	0.5145	0.5367
	有	1125	0.4378	0.4567
是否有金融机构的小额贷款	无	1903	0.4919	0.5129
	有	415	0.4801	0.4914
是否购买商业保险	无	2030	0.5705	0.7938
	有	288	0.4293	0.4382

资料来源：国家社科基金四个调研组对秦巴山区、武陵山区、滇桂黔石漠化地区、四省藏区的问卷调查。

由上述分析可知，农户参与储蓄、商业保险等普惠金融会对农户的贫困脆弱性产生负向影响，参与普惠金融会降低农户的贫困脆弱性。因此，设计适合各地现状的金融产品，将更多的金融形式向农村、农民进行普及，发展适合各地的普惠金融体系，是有必要的。此外，家庭人数越多，户主为女性，受教育程度越低，户主的年龄越大，遭受风险冲击越多的农户的平均脆弱性越大，更有可能陷入贫困，笔者在此发出更加关注这些群体的倡议。

6.2.2.2 脆弱性影响因素的实证分析

以上内容对风险冲击次数与脆弱性的关系进行了初步粗略的分析，为了全面考察农户脆弱性的决定因素，特别关注风险冲击、家庭资本对农户贫困脆弱性的影响，根据式（6-6），得到了风险冲击、家庭资本、农户的基本情况对脆弱性影响的回归结果，如表6-5所示。由于疾病对人力资本会产生重要影响，进而影响农户福利和脆弱性，以及急性疾病和慢性疾病对农户的影响周期不同，因此，将“近三年是否有成员患有急性疾病”和“是否有成员患有慢性疾病”作为两个新的自变量纳入回归过程中。

为了全面考察各连片特困的相似性和差异性，我们分别对秦巴山区、武陵山区、滇桂黔石漠化地区、四省藏区做出了相应的结果。根据表6-6，总体来说，风险冲击、应对风险冲击的能力对脆弱性的影响显著存在，且结果具有很强的解释力，主要得到以下结论：

（1）无论采取我国贫困线还是国际贫困线，4个片区自有风险次数和特有风险次数都对农户的脆弱性产生了比较显著的正向影响，即风险发生的次数增加，农户的脆弱性增加。此外，慢性疾病和急性疾病对脆弱性产生了比较显著的影响，系数为正。4个片区慢性疾病的系数都显著，可能是因为慢性疾病的持久性会降低家庭的产出以及生产的能力，甚至逐渐损耗家庭资本，从而陷入难以挣脱的贫困陷阱中。秦巴山区和四省藏区急性疾病的系数是显著的，另两个片区不显著，主要是因为急性疾病的影响是暂时的，可以通过其他方式对冲击加以缓解，如增加劳动量。由此可见，相对于急性疾病，慢性疾病的冲击更应该引起重视。

（2）从家庭资本的角度来说，4 个片区的户主受教育程度、房屋层数、是否有汽车、是否有拖拉机、经常往来亲戚朋友的个数、是否有银行存款都对脆弱性产生了比较显著的负向影响。户主的教育程度越高，一般来说获取信息的能力越强，收入水平也越高，银行存款作为一项储备资金，可以有效地应对负向的风险冲击。拖拉机等农用车可以帮助生产生活。这说明人力资本、物质资本、金融资本、社会资本对风险冲击的缓冲作用比较明显，显著地降低了脆弱性水平。但是除了武陵山区，其他三个片区的土地耕地面积对农户脆弱性的影响并不显著，产生这种现象的原因可能是由于农户收入的主要来源是非农业收入、农业收入占总收入的比重较小。

（3）户主的年龄、家庭规模比较显著且回归系数为正，表示随着户主年龄的上升、家庭的规模增大，脆弱性会增大，即农户将来陷入贫困的可能性增大。户主的性别与户主的健康程度都对脆弱性产生了比较显著的负向影响。通过这样的分析，在对农户进行研究时，对户主性别、户主身体状况进行区别对待是有意义的。此外，需要格外说明的是，是否外出务工的系数显著且为负，这是因为外出务工作为农户的重要收入方式，会严重影响农户的生活水平，严重影响农户的脆弱性。

表 6－6　对脆弱性影响的回归结果

变量	秦巴山区		武陵山区		滇桂黔石漠化地区		四省藏区	
	V_1	V_2	V_1	V_2	V_1	V_2	V_1	V_2
constant	1.483***	1.672***	2.11***	2.229***	0.141	0.189*	0.904***	1.02**
commrk	0.098**	0.105**	0.05*	0.054*	0.012	0.018*	0.04*	0.036*
ownrk	0.043**	0.047**	−0.004	−0.006	0.017*	0.014*	−0.025	−0.037*
chrork	0.068*	0.067*	0.187**	0.173**	0.118**	0.123**	0.093*	0.111*
mcutrk	0.024**	0.023*	0.012	−0.011	−0.016	0.001	0.118**	0.108*
h－edu	−0.06*	−0.057*	−0.044*	−0.043*	−0.025	−0.024	−0.04*	−0.048*
relative	−0.036*	−0.03*	−0.036***	−0.035***	−0.002*	−0.002*	−0.001	—
floor	−0.040**	−0.049***	−0.229*	−0.234*	−0.081**	−0.079**	0.018*	0.017*
type	−0.094	−0.1	−0.005	−0.011	0.015	0.009	−0.007	−0.001
car	−0.107*	−0.115*	−0.476**	−0.474**	−0.119*	−0.138*	−0.152*	−0.169*

续表

变量	秦巴山区		武陵山区		滇桂黔石漠化地区		四省藏区	
	V_1	V_2	V_1	V_2	V_1	V_2	V_1	V_2
tractor	-0.201	-0.195	-0.113*	-0.117*	-0.059	-0.047	-0.166**	-0.185**
bank	-0.073***	-0.062***	-0.195*	-0.22*	-0.097*	0.089*	-0.219***	-0.223***
scale	-0.054	0.047	-0.013*	-0.018*	0.014	0.016	0.043	0.047
h-sex	-0.274*	-0.282*	-0.179*	-0.166*	0.027	0.033	-0.087*	-0.1*
h-age	0.003	0.004	-0.011**	-0.011**	0.005**	0.005**	0.01**	0.01**
h-heth	-0.096*	-0.098*	-0.287**	-0.288**	-0.194***	-0.191**	-0.261**	-0.267**
num	0.173*	0.172*	0.016	0.021	-0.005	-0.005	0.067**	0.079**
labor	-0.032*	-0.028**	0.059	0.044	-0.05*	-0.057*	-0.048*	-0.043
migr	-0.212***	-0.195***	-0.263**	-0.293***	-0.142***	-0.138***	-0.109**	-0.099*
调整 R^2	0.729	0.744	0.673	0.685	0.532	0.564	0.583	0.601
观察值	845	845	576	576	521	521	376	376

资料来源：国家社科基金四个调研组对秦巴山区、武陵山区、滇桂黔石漠化地区、四省藏区的问卷调查。

注：*、**、***分别代表在10%、5%和1%的水平上显著。

6.2.3 稳健性检验

选择秦巴山区作为稳健性检验的样本，对被解释变量进行处理，本章的脆弱线是0.5，因此当我国贫困线标准下的脆弱性大于0.5时，赋值为1，表示农户脆弱；当脆弱性小于等于0.5时，赋值为0，表示农户非脆弱，并进行回归检验模型的稳健性。结果发现，无论采取我国贫困线还是国际贫困线，自有风险次数和特有风险次数都对农户的脆弱性产生了比较显著的正向影响，即风险发生的次数增加，农户的脆弱性增加。此外，慢性疾病和急性疾病对脆弱性产生了比较显著的影响，系数为正。户主受教育程度、房屋层数、是否有汽车、是否有拖拉机、经常往来亲戚朋友的个数、是否有银行存款都对脆弱性产生了比较显著的负向影响。户主的年龄、家庭规模比较显著且回归系数为正，表示随着户主年龄上升，家庭的规模增大，脆弱性会增大，即农户将来陷入贫困的可能性增大。户主的性别与户主的健康程度都对脆弱性产生了比较显著的负向影响。其他结论与上述结论相类似，不再赘述，以上的分析表示稳健性检验通过（见表6-7）。

表6-7 对秦巴山区脆弱性影响的回归结果

变量	V_1	V_2	变量	V_1	V_2
constant	1.483***	0.188***	tractor	-0.201	-0.023
commrk	0.098**	0.019*	bank	-0.073***	-0.036**
ownrk	0.043**	0.013***	scale	-0.054	-0.002
chrork	0.068*	0.119*	h-sex	-0.274*	0.232**
mcutrk	0.024**	0.002**	h-age	0.003	0.002
h-edu	-0.06*	-0.06**	h-heth	-0.096*	-0.014**
relative	-0.036*	-0.004*	num	0.173*	0.003*
floor	-0.040**	-0.045*	labor	-0.032*	-0.01**
type	-0.094	-0.056	migr	-0.212***	-0.014*
car	-0.107*	-0.069**			

资料来源：国家社科基金四个调研组对秦巴山区、武陵山区、滇桂黔石漠化地区、四省藏区的问卷调查，此处仅选择秦巴山区的数据。

注：*、**、***分别代表在10%、5%和1%的水平上显著。

6.3 实证结论

本章使用VEP模型度量了连片特困区2318个农户的贫困脆弱性，然后在此基础上研究了贫困脆弱性的类型、贫困脆弱性与收入之间的关系，最后实证分析了影响脆弱性的主要因素，得到如下主要结论。

（1）在我国的贫困线标准下，连片特困区贫困发生率为37.05%，非贫困农户占比62.95%；脆弱农户占比46.22%，非脆弱农户占比53.78%，可见贫困与脆弱性是度量农户福利水平不同的两种方式。贫困农户中脆弱的农户为68.83%，显著高于非贫困农户中脆弱农户的32.92%，因此贫困农户更易成为脆弱农户。脆弱非贫困的农户占比为20.72%，这些当前并不贫困的农户下一期很可能会陷入贫困，是动态扶贫、精准扶贫和控制“返贫”的重点。而传统基于贫困线的扶贫策略是对陷入贫困的农户进行帮助，是贫困发生之后的一种事后行为，所以传统扶贫策略并不能覆盖这部分农户，采取脆弱性作为扶贫标准，可以事先对农户未来的生活状态进行预测，并前瞻性地提供帮助，帮助农户在未进入贫困以前有效地防止贫困的发生。

（2）贫困的农户更加脆弱，脆弱性的农户更容易陷入贫困。脆弱性高于0.7 的大部分农户的收入低于贫困线，而脆弱性低于0.3 的分布主要为非贫困农户，贫困脆弱性位于0.3 ~0.7 之间的农户的分布在贫困线两方相对比较平均。收入与脆弱性之间存在此消彼长的关系，提高农户收入不仅是脱贫最有效的方法，而且是降低农户脆弱性的有效方法。

（3）自有风险次数和特有风险次数都对农户的脆弱性产生了比较显著的正向影响，即风险发生的次数增加，农户的脆弱性增加。此外，慢性疾病和急性疾病对脆弱性产生了比较显著的影响，系数为正。4 个连片特困区的户主受教育程度、房屋层数、是否有汽车、是否有拖拉机、经常往来亲戚朋友的个数、是否有银行存款都对脆弱性产生了比较显著的负向影响。这表明人力资本、物质资本、金融资本、社会资本对风险冲击的缓冲作用比较明显，显著地降低了脆弱性水平。自然资本对脆弱性的影响并不显著。

（4）户主的年龄、家庭规模比较显著且回归系数为正，表示随着户主年龄的上升、家庭的规模增大，脆弱性会增大，即农户将来陷入贫困的可能性增大。户主的性别与户主的健康程度都对脆弱性产生了比较显著的负向影响。是否外出务工的系数显著且为负，是因为外出务工作为农户的重要收入方式会严重影响农户的生活水平和脆弱性。

7 中国连片特困区反贫困的策略选择

改革开放以来，我国有7亿农村贫困人口已经脱贫，每年平均有1945万人脱贫；我国的贫困发生率已经降低了90.3个百分点，贫困人口数量平均每年减少6.4%①。可见，我国反贫困工作取得了较好的成绩。但截至2015年年底，我国贫困人口还有5500万人左右②，与党中央提出的在2020年消除绝对贫困现象的目标还有很大的差距，扶贫工作仍然任重而道远。2016年3月，《中华人民共和国国民经济和社会发展第十三个五年规划纲要》再次强调了反贫困的重要性，提出今后五年内要让“我国现行标准下农村贫困人口实现脱贫，贫困县全部摘帽，解决区域性整体贫困”。

为保障我国“十三五”时期反贫困工作开展顺利、促进全面建成小康社会目标按时达成，本章结合集中连片特困区农户的贫困脆弱性特征提出以下几点反贫困策略。

7.1 建立健全风险应对机制，增强农户抵御风险冲击的能力

我国连片特困区生态系统脆弱，公共服务和基础设施滞后，信息闭塞，工业化、农业产业化、城镇化水平低，民众受教育水平低，缺乏科技人才，水土流失严重，土地贫瘠，自然灾害频发……农户直接面临自然风险、市场风险和健康风险等多样的风险冲击。这些风险冲击的存在不仅影

① 张为民．脱贫步伐加快 扶贫成效显著 我国贫困人口大幅减少[EB/OL]．http://www.stats.gov.cn/tjsj/sjjd/201510/t20151016_1257098.html.

② 对话宁吉喆——中国信息报独家采访新任国家统计局局长[EB/OL]．http://www.stats.gov.cn/tjgz/tjdt/201603/t20160307_1327882.html.

响着农户的收入稳定性与资产安全，而且影响着连片特困区的社会稳定性。建立健全风险应对机制、增强农户抵御风险冲击的能力，是建设社会主义新农村、全面建成小康社会亟须解决的问题。在此主要针对农户影响比较大和发生频率比较高的风险展开讨论。

从上一章的分析可以得知，乡镇或者村庄内的共同性风险冲击的发生次数越多，该区域内农户的贫困脆弱性就越大。连片特困区农户的风险应对机制可以分为两类：正规的风险应对机制和非正规的风险应对机制。其中，农户的正规风险应对机制是指专门用于应对风险冲击的社会保障制度和商业保险制度等正式的制度安排；相应地，农户的非正规风险应对机制是指人们自发形成的应对风险的非正式制度安排，主要是指社会网络内风险统筹机制。下文将从正规风险应对机制和非正规风险应对机制两方面加以分析。

7.1.1 正规的风险应对机制

7.1.1.1 事前的风险预警

现行的扶贫措施大部分都是一种被动的风险管理策略，是在风险冲击发生后采取相关措施来使损失减少。而事前的风险预警是一种积极主动的风险管理措施，是通过建立风险评估体系及时地发现风险隐患，进而进行风险预控，消除或减少可能引发风险冲击的各种因素，化解风险的发生，将风险造成的损失降至最低；而不是后拖、掩盖和累积风险隐患。风险预警体系的建立不仅需要政府的大力推动，更需要农户的积极参与。风险预警工作可以根据农户可能面临的风险冲击类型从以下三个方面着手。

（1）针对气象灾害、病虫害等自然风险，政府可以健全生态补偿机制，改善连片特困区的生态环境。加强自然灾害研究系统建设，建立综合性全方位的自然灾害研究机构，并将其科研成果转化到实际应用中，建立复合型自然灾害监测、预警系统。加强建设连片特困区的江河湖泊治理工程，推动该区域的河道治理、河流堤防的加固和区域的控制性枢纽建设速度，加快治理山区河流、防治洪涝灾害、除险加固水库水闸工作，加强该地区的雨情、水情预报以及气象水文监测，对于该地区的洪水风险冲击进行强化管理，提高该地区的防洪防灾水平，降低风险发生率。充分发挥连片特困区农户应对风险的积极性和主动性，在风险监测、预报、评估等工作中注重农户的参与，瞄准贫困脆弱性高的农户，对那些预防风险冲击意愿强而资源相对薄弱的农户进行资源渗透，充分调动其主观能动性。同时建立完善的保障机制，组织农户有序参与防灾、抗灾、救灾工作。加强基本灾害知识的普及，提升农户的防灾意识，完善乡镇—村—农户的风险预警信息发布系统。通过对地区的生态环境脆弱性进行测算，并将灾害信息的发布深入每家每户，使特困区的农户提前知悉其可能遭受的风险冲击，特别是共同性风险冲击的相关信息，这样就可以帮助农户从农作物的选取等方面对风险进行管理。加强防灾技能培训和政策宣传，在完善信息发布系统的同时充分调动农户参与防灾的积极性，是提高连片特困区农户防灾效率的保障。在此方面，大别山区的安庆市在建立气象灾害预警系统和预警发布系统、提升自然灾害预警能力方面做得尤为出色，最大限度地发挥了气象部门在灾害预警方面的作用。

（2）针对市场风险，首先，我们可以在风险预警一般的模式“明确险情→寻找警源→分析警兆→预测警度→排除警情”的基础上，以特困区的农产品价格管理部门为核心，同时与特困区的大型农产品批发市场和统计、粮食、贸易等部门进行联合，建立跨部门的农产品市场风险预警组织协调机制。其次，对于市场风险的预警还涉及市场动态监测、信息的收集、市场行情的分析、市场风险的评估、市场未来的预测以及人们的应急处理等多方面的内容，如图7－1所示。应确立合理的市场监测点，建立标准的市场信息采集规范，构建规范的信息处理分析制度，为这些工作的有机融合提供制度上的保障。最后，还应建立坚实的农产品风险预警财政投入保障机制，完善风险预警科技保障体系，大力发展农产品期货市场，加强农产品行业协会和农村专业合作组织建设①，对风险较大的农副产品给

① 王川，孔繁涛．构建农产品市场风险预警机制研究[J]．价格理论与实践，2011(7)：31－32.

予适当的政府补贴，维持农产品价格的基本稳定。就发展农产品期货市场而言，首先，应对连片特困区农户进行期货知识宣传教育，使广大连片特困区农户更好地了解和认识农产品期货市场，从而充分理解市场需求，避免一些个人理性而集体非理性的情况出现；其次，应该在充分了解市场需求后开发推广新品种，有效分散农户面临的市场风险，完善农产品期货市场体系；最后，还可以组织农户通过“农户 + 公司 + 期货 + 订单”的模式更高效地发挥农产品期货市场的功能，克服其相关知识缺乏和业务能力低下的问题。

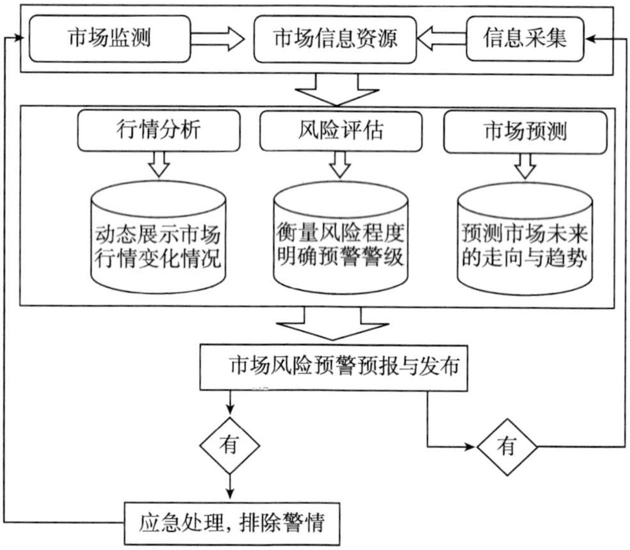

图 7 –1　市场风险预警机制

（3）针对健康风险，首先应提升巩固农村饮水安全，加强连片特困区的水利建设，全面解决该地区贫困人口的饮水安全问题，并改善连片特困区人口的生活环境。提升公共卫生服务能力，对糖尿病、心脑血管疾病、呼吸系统疾病、恶性肿瘤等慢性病实施综合防控战略，同时，加强重大传染病防控，降低乙肝病毒感染率。建立健全健康档案制度，利用新农合基金对参合农户尤其是高风险人群和亚健康人群进行定期健康查体，分级、系统地管理慢性疾病的患者，准确掌握每个患者的病情，通过随机访问和定期体检进行针对性的健康干预，并为农户提供用药指导和防治宣传，延缓各种疾病并发症的发生。加强卫生防疫工作和慢性疾病知识的宣传教育，加强国民营养计划和心理健康服务，提升农户对自身健康的重视程度和保健意识，倡导积极健康的生活方式，戒烟限酒，增强农村居民自身的防感染能力，推广全民健身，引导农户改善生活习惯，提高连片特困区农户的身体素质，降低疾病发生率，从根本上预防疾病导致的经济风险的发生。

7.1.1.2 事后的风险缓释

尽管采取各种措施进行了风险防范和风险预警，但有些风险冲击是无法避免的，这样就面临事后的风险缓释问题。保险作为风险事后风险缓释的主要手段，20 世纪 80 年代以来就发展非常迅速。1980 年，我国的保险费收入仅为 4.6 亿元，到 2015 年，保险费就增长到 2.4 万亿元，我国保险业的总资产也已经达到了 12.4 万亿元，而且，我国已经成为世界上保险业发展最快的国家。但是，保险业在我国农村的发展速度却缓慢前行，连片特困区更是如此，令人担忧。2015 年，全国只有 374.7 亿元的农业保险的保费收入，在全国保险保费收入中所占比例极低。在当前的我国连片特困区调研中，我们发现，除农户社会养老保险和新农合之外的其他保险制度较少进入特困区，其中的商业险在我国的连片特困区的发展非常迟缓。当前我国有 180 家保险机构，但是只有中国人民保险公司、平安保险公司、中国人寿保险公司、太平洋保险公司等少数保险机构在我国的连片特困区开展保险业务。由于正式保险制度安排如此薄弱，无法对连片特困区农户进行有效的风险管理，存在较高的贫困脆弱性。因此，事后的风险缓释工作可以从以下几方面着手。

（1）完善巨灾风险准备金体系，提升巨灾保险运行效率。由于巨灾风险具有损失严重性、地域集中性等特点，农业巨灾风险分散体系的缺失严重损害了保险在分担农户风险时的有效性。为此，必须以极其专业的方法管理巨灾风险，将其从一般的农业保险中剥离出来加强管理。建立中央级巨灾风险管理机构，加大政府巨灾救助参与程度，扩大连片特困区保险市场的承保能力，促进巨灾管理水平。健全社会救助体系，实现巨灾风险的证券化，发行全国性的巨灾风险债券，降低风险冲击给农户造成的损失，确保连片特困区农户的基本生活。通过证券化的方式将资本市场与巨灾风险有机结合，从而在资本市场上以证券的方式筹措资金，化解巨灾风险给农户带来的损失。与巨灾风险给连片特困区农户带来的损失相比，资本市场的资金如此丰厚以至于其影响可以忽略不计，在巨灾保险中引入资本市场的资金，不仅可以增强保险基金的来源，还可以扩大风险分担的范围、有效提高巨灾保险的运行效率。

（2）扩大农业保险覆盖面，提高农业保险赔付标准。农业保险可以化解农户面临的自然风险冲击，稳定农业收入。目前我国农业保险存在覆盖面窄、保险赔付金额低等问题。考虑到农业保险有较强的外部收益性和公共性，仅靠市场机制自发调节无法使其健康发展，因此，政府应降低农业保险的保险费率，构建农业保险绩效评价系统，提高农户分担风险的效率，降低农户的贫困脆弱性。此外，还可以借鉴美国2014年新农业法案中农业保险的改革方案，提高对连片特困区农业保险的支持力度，对提供农业保险的商业保险机构进行补贴以弥补亏损，使其获得合理的利润，以再保险方式分散保险公司的风险①。目前，国内还没有农业保险再保险的相关政策，农业保险公司进行再保险的成本很高，针对该问题，可以由中央财政建立农业再保险公司，承担再保险人的职能，分散提供农业保险的保险公司的风险。同时还可以鼓励中国再保险集团为农业保险公司分散风险或者与国际再保险公司合作，在更大的范围内分散农业风险。

（3）降低社会保险费率，提升新型农村合作医疗保障待遇。具体来讲，在连片特困区，可以大力提升诸如农民工、灵活就业人口以及失业人口的社会保险参保比率，推进公立医院改革，降低药品加成，将上市新药以及通过一致性评价的药品纳入医保目录，同时对贫困户的医药费自费部分提供特殊补助。降低大病和慢性病治疗费用，提高新农合报销比例，简

① 谢凤杰，吴东立，陈杰．美国2014年新农业法案中农业保险政策改革及其启示[J]．农业经济问题（月刊），2016（5）：102－112.

化农村合作医疗的报销手续，推进医保异地就医结算。

（4）创新保险业务，设计出适合连片特困区农户保险需求的险种。我国连片特困区农户的收入水平较低，可是，商业保险公司在该地区所进行的保险业务价格普遍偏高，特困区农户对商业保险的支付能力比较缺乏。因此，应发展适合连片特困区农户贫困脆弱性特点的商业保险，鼓励商业保险参与医保经办，鼓励非营利组织兴办健康服务业，发展补充商业健康保险和医疗保险，提高农户抵御疾病风险冲击的能力。

（5）加大保险宣传力度，强化连片特困区保险服务。我国连片特困区农户的保险意识比较低下，农户长期受诸如文化传统、风俗习惯等非正式制度的影响，在遭遇风险损失后他们更倾向于在自己的家庭内部进行风险分担，再加上当地的信息闭塞以及对于商业保险的理赔难等问题的传播，也致使农户不信任保险公司，导致特困区农村对于保险缺乏有效需求。保险公司应通过座谈会、理赔现场大会等方式加强在连片特困区的宣传力度，加深农户对保险的认识。在农村投入大量的营销人员，为农户详细讲解保险条款，提高理赔的效率，让农户在受益后积极、主动地购买保险。

7.1.2 完善社会网络、社会资本等非正规的风险应对机制

在中国广大的连片特困区，农户缓解风险冲击的传统方式是以地缘和血缘为基础的社会网络，通过收入转移和互惠性信贷，农户可以共担风险、跨时期进行消费平滑。社会资本作为一国社会安全网络系统中的子系统，对农户具有难以估量的巨大作用，在遇到红白喜事时，农户之间会进行“随礼”，亲朋好友之间也会提供各种帮助，这对正式保险制度是一种有效补充，是农户间平滑风险的一种方式，具有难以替代的作用。在连片特困区，受到风险损失的农户可以依靠其社会资本得到馈赠，也可以获取非正式信贷等其他形式的非正式保险，这可以帮助他们平滑收入和消费，补偿其遭受风险冲击所造成的经济方面的损失。考虑到社会网络内的风险统筹存在网络规模的有限性等问题，可以采取一些与社会主义市场化进程相适应的途径来完善连片特困区的社会安全网，对该地区农户的社会资本

进行完善。

（1）突出政府的主导作用，拓展农户社会网络规模。连片特困区农户的社会网络大都建立在血缘和地缘关系的基础上，延伸范围有限，比较封闭，应充分发挥政府在培育农户社会资本中的积极主导作用，为社会网络的纵向拓展创造制度环境。具体来说，政府应在保持原有邻里关系的基础上，鼓励农户成立一些自发性的经济类、文化类、生产类民间组织，营造有利于民间组织发展的环境，扩充连片特困区反贫困主体规模，明确民间组织在反贫困中的地位和作用，加强政府和民间合作组织之间的互相配合。加快完善与民间组织相关的法律法规，使民间组织建设逐步程序化、法制化。同时，还应加强中央财政对各种民间组织的支持，拓展民间组织的融资渠道，在优惠政策方面予以倾斜。增强社区与村集体的整合，推动社会福利和慈善事业的发展，建立和谐村委会，重点关注老年人和残疾人的贫困问题，加快福利机构改革，建立专门的社会服务体系来关爱农村留守儿童、老人和妇女，在连片特困区广泛开展社会互助和志愿服务活动，扩大农户社会网络规模。

（2）完善农村交流网络，提高农户参与的积极性。由于连片特困区农户间同质性较高，限制了社会网络功能的发挥。针对这一问题，首先，可以加强连片特困区老年活动室、图书室等基础设施建设，建立多元化的农户信息获取路径，积极开拓不同群体间的沟通渠道，建立更多的渠道促进农户、外部组织和政府三者之间的联系。其次，为农户建立人际交流网络平台，组织秧歌队、锣鼓队等各种社会文化活动，鼓励农户积极参与，增强不同群体间的认同感，在加深村民感情的同时还可以保护传统文化。最后，集体活动可以提高农户的参与程度，引导贫困家庭和非贫困家庭、贫困家庭之间的互相合作，增加农户的社会融入感，拓宽贫困人口获得信息的渠道，提高贫困人口参与集体活动的积极性。在组织集体活动时，应注意在事前宣传活动的目的、意义，在活动过程中严格遵守议程，做到民主、公平、公正，并在事后将结果公开，增加透明度，从而吸引更多的农户积极主动地参与集体活动。

（3）完善农村信用体系，建立农户信誉档案。信任是社会资本作用的基础，在封闭的社会网络中，信任扮演着极其重要的角色，农户基于彼此间的信任互相分担风险，传递信息。完善农户信用体系，可以加强农户间的信息传递和风险分担效率。“十三五”规划也明确指出，要推进信用信息共享，提高全社会诚信水平。为此，应当提高政府公信力，逐步加强社会公民的诚信建设，扭转广大群众的信任危机，提升社会对贫困群体的信任程度。将公民诚信教育纳入农民工培训体系，加强诚实守信观念的宣传，引导贫困群体转变观念，明确社会资本投资的必要性，促使其主动加强社会资本投资，培育一种超过血缘和地缘关系的信任意识，构建具有现代意义的农村社会资本网络结构，增强农户抵御风险的能力。借鉴国际经验加快推动信用立法，制定信用方面的专门法律，将一些行为由道德约束提升为法制约束，强制恢复社会规范，把农村道德和秩序引入正轨。建立统一的信用网络，公开个人信用档案，开展优良信用农户评选，并对其在物质和精神上给予奖励，如将扶贫、补贴、贷款、提干等与农户的信用记录挂钩。同时将失信农户记入黑名单，并对其失信行为进行曝光，净化社会风气，建立现代信任网络。

7.2 推进精准扶贫政策，增强低收入农户的脱贫致富能力

精准扶贫是新时期我国根据贫困问题的总特征逐步形成的扶贫开发战略导向，是对接经济新常态要求扶贫资源优化配置和发展质量提升的政策回应，精准扶贫政策体系包括精准识别、精准帮扶、精准管理、精准考核四项（见图 7 - 2）。

我国精准扶贫政策目前还处于探索和完善阶段，存在动态管理与考核机制不健全、部门间协调难，资源配置效率低等问题①。“十三五”期间，我国实施精准扶贫政策，应依据不同连片特困区的基本特点和主要问题，从以下三个方面完善扶贫措施，进一步推进精准扶贫政策。

① 刘慧．实施精准扶贫与区域协调发展[J]．中国科学院院刊，2016(3)：320 - 327.

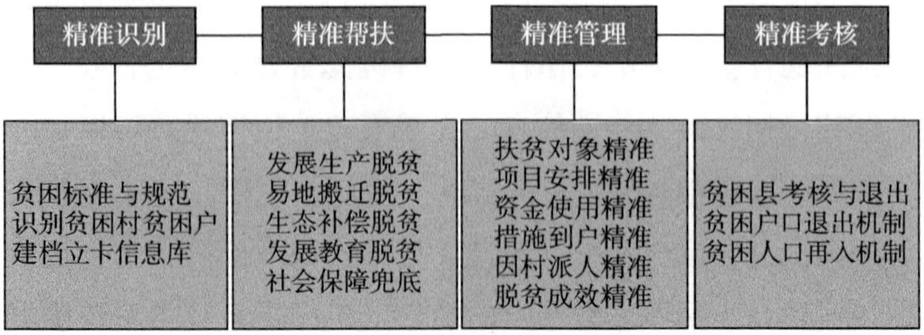

图 7－2　中国精准扶贫政策体系

（1）区别对待贫困地区和非贫困地区的贫困问题，建立农户和地区的脆弱性风险档案。该项工作成本巨大但具有可操作性，通过测量和计算具有村、镇、县甚至连片特困区特征的贫困脆弱性指数，连片特困区农户可分为“贫困、脆弱”“贫困、非脆弱”“非贫困、脆弱”“非贫困、非脆弱”四类，其中前三类是政策扶持的重点，应增强政策的灵活性和针对性，依据农户的贫困脆弱性特征对其进行精准分类扶持，如表 7－1 所示。

表 7－1　连片特困区农户精准分类扶贫政策

农户特征	扶贫政策
贫困、脆弱	增加农户金融服务可获得性，通过产业扶贫增加农户收入，健全风险应对机制
贫困、非脆弱	增加农户金融服务可获得性，通过产业扶贫增加农户收入，提升人力资本水平
非贫困、脆弱	健全正式和非正式的风险应对机制

（2）完善多维度贫困识别体系。精准识别是指通过申请评选、告示公告、抽查核对、信息录入等程序有效识别贫困村和贫困户，并建立相关档案，根据原因采取不同措施帮扶。目前，精准识别主要是根据农户的收入水平确定贫困线来识别贫困家庭，但由于农户的真实收入情况较难统计，且收入只能反映出贫困的一个方面，不能反映其他维度的贫困状况，存在漏选和难选的问题。因此，在做好贫困户精准识别和建档立卡工作的基础上，还应该推动贫困户建档立卡信息与公安系统及低保信息的衔接，建立一套综合指标体系来评判与识别贫困人口，构建适合我国连片特困区特点

的贫困测度方法。建立精准扶贫台账，对贫困户的生活状况进行动态监测，建立多元化的精准扶贫、脱贫指标体系和贫困户脱贫与再进入识别机制，制定规范的贫困户退出标准。

（3）健全精准扶贫动态监管和目标考核体系。目前，贫困人口脱贫机制与认定机制一样不健全，主要通过将脱贫指标下达到各乡镇及村庄来进行，这种机制很容易出现“被脱贫”和“假脱贫”的情况，还有一些农户为继续享受扶贫政策而不愿意签字确认脱贫。因此，应以连片特困区农户一般生活成本为标准，明确农户脱贫认定方法，依据致贫原因构建动态信息库，定期检测脱贫农户的生计特征，及时将返贫农户纳入扶贫政策享受范围。杜绝人为操作的“摊指标”“被脱贫”现象。完善扶贫绩效社会监督机制，根据2020年实现贫困人口全部脱贫的目标进行任务分工，制订详细的扶贫责任清单和任务完成进度计划①，明确任务完成次序，严格控制时间进度。建立针对反贫困工作人员的量化考核机制，严格依据反贫困任务目标设置考核指标，成立专门的工作机构定期考核评估反贫困成效，强化脱贫工作责任追究，建立奖惩机制，杜绝相互推诿现象，加大社会舆论和监管部门的监督力度，确保反贫困工作高效、有序进行。

7.3 加大公共财政扶贫力度，增强农户的兜底保障能力

连片特困区的反贫困工作是由信贷扶贫、公共财政扶贫和社会扶贫三者组成的一项庞大的系统工程，而作为扶贫的主力军，我国公共财政扶贫工作先后经历了四个阶段：救济式扶贫—开发式扶贫—攻坚式扶贫—综合扶贫，各阶段扶贫效果均很显著。随着扶贫力度的加大，我国连片特困区人民的生产生活条件得到了极大的改善，但其发展滞后、动力不足问题仍未得到根本解决。由于长期积累的制度缺陷，当前公共财政扶贫的困境也逐步凸显：财政扶贫机制的设计有很大的缺陷，财政扶贫政策和资金配置

① 王介勇，陈玉福，严茂超．我国精准扶贫政策及其创新路径研究[J]．中国科学院院刊，2016(3):289－295.

方向脱离实际；政策资金割裂，部门间协调难度大；财政扶贫资金管理不到位，地方政府财力有限，难堪扶贫重任；监管不到位，绩效考核对减贫的正向激励欠缺等一系列问题均限制了连片特困区的发展。目前反贫困工作已经进入了“啃硬骨头”的冲刺时期，公共财政扶贫工作必须厘清思路，强化反贫困工作中的地方政府职能，完善连片特困区公共财政扶贫制度，对该地区扶贫资金的分配和使用效率加大提高力度。特困区未来的公共财政赖以进行的反贫困工作可以从以下几方面入手。

（1）优化财政转移支付力度。调整财政支出结构，加大中央和省级财政对连片特困区地方财政的转移支付力度，完善财政拨款制度，促进连片特困区的经济发展，改变其落后的面貌，缩小贫富差距。具体包括：构建有利于连片特困区发展的财税政策，增加财政专项扶贫资金的投入，增强连片特困区地方政府的财政能力；根据具体情况明确中央和各级地方政府分担的比例，一般的公共财政转移支付继续向广大农村地区倾斜，同时也从专项支付资金中取出一部分用于激励特困区农户脱贫；完善对连片特困区的农业补助政策，构建“点对点”精准扶贫机制，集中财力精确投放。地方政府应当把扶贫专项资金纳入年度预算，在增加财政扶贫资金的同时，还应当多渠道筹措资本，用各种优惠政策吸引外资进行资源整合，以弥补公共财政资金的不足。

（2）完善最低生活保障制度。目前，连片特困区的最低生活保障制度存在着资金管理不规范、对象随意、标准不一致等问题，应当改进其设计与管理水平，在增加公共财政资金投入的同时，还应当调整资金投入结构，将救灾救济制度也纳入最低生活保障的范围，把有限的资金效用发挥到最大。应该将扶贫资金的使用规划落实到每一个村，通过整村推进的方式整体规划，从而实现村庄整体脱贫。对连片特困区实行各种优惠政策，各项惠民资金和项目也适当地向贫困脆弱性高的农户倾斜，加快连片特困区交通、宽带、饮水、照明消防、环卫等基础设施建设，全面解决饮水安全问题，提高宽带网络覆盖率，完善连片特困区邮政、快递等基础设施，通过有力的宏观调控推动连片特困区的发展。

（3）建立涉农资金统筹整合机制。扶贫资金的使用要秉承公开、公平、公正的基本原则，做好反贫困的前期调查与规划工作，确定各地区的重点扶贫项目，合理使用涉农资金，避免或减少涉农资金的错配、漏出；严格审核项目所需资金，避免资金浪费；简化资金拨付流程，取消依据行政级别的层层拨付制度，在明确资金使用区域后，由国库集中支付，避免层层滞留，防止资金到位延迟，提高行政效率；减少项目审批环节，将审批权限下放到县级政府，扶贫项目由县级扶贫机构根据当地的实际情况确定，经县级人大审批通过后方可实施。此外，还应当使资金受益人参与到资金流动过程中，实现连片特困区群众对资金传递的全程监督。加强对扶贫资金的监督检查，建立以特困区财政部门和相关的扶贫主管机构为核心、中介和社会舆论为辅助的全民参与资金监管体系，明确扶贫资金的投向，及时向社会公布，使扶贫资金的使用规范化、透明化，保证资金的使用效率。

（4）加强连片特困区乡镇领导班子建设。目前连片特困区扶贫机构规模大，事业性经费支出较多，为提高扶贫效率，可以精减行政工作运营成本，减少地方扶贫机构工作人员，节省一些不必要的开支，从而挤出更多的资金投入扶贫事业。同时强化扶贫攻坚领导责任制，制定扶贫开发效果评估和奖惩办法，对反贫困效果好的地区给予更多的资金优惠和政策支持，对资金被占用或浪费的地区给予严重处罚。对监督调查过程中发现的挪用公款和贪污等违法乱纪行为进行严惩，对相关责任人严厉追究；将反贫困效果作为地方政府官员政绩考核的依据，并对其反贫困工作进行不定期的抽查和跟踪问效。

云南省在财政扶贫政策改革方面工作绩效显著，通过改革转移支付制度、深化预算绩效管理和预算约束、盘活财政存量资金等途径，解决了财政资金政出多门、财政大权集中、效率低下、花钱随意、预算结算信息不公开等问题①。

---

① 李颖，刘慧娴，谭文，等．蹚出一条欠发达地区的财政改革之路——专访云南省财政厅厅长陈建国[J]．中国财政，2016(14)：12－17.

7.4 探索多元化金融扶贫路径，激活农户自身“造血”能力

我国连片特困区金融发展滞后，金融市场化水平较低，金融工具比较缺乏，机构数量少，金融生态环境不完善。国际上，孟加拉国“村镇银行”扶贫模式的成功已证明了向贫困户提供金融贷款服务在扶贫开发过程中的有效性。但近年来我国对金融扶贫进行的实践与探索均无法有效解决金融扶贫的风险与效率问题，由于缺乏推广平台，众多金融创新产品也未能在扶贫中发挥有效作用。为此，可以从以下几方面入手，更精准地将资金送达到有需求的农户手中：

（1）深化农村金融改革，完善连片特困区金融市场竞争机制。拓宽政策性银行支农服务领域，在巩固商业银行县域网点的同时积极拓展乡镇服务网络，按照“金融+产业+农户”的模式，将普惠金融与普惠政策结合，落实金融扶贫需求，改善农村金融服务质量。正规金融机构不愿意发放农村贷款的原因在于信息不对称会产生道德风险和逆向选择问题，为此，应当通过改革恢复农村信用社为农户服务的性质，使其成为真正意义上的农民自己的银行。具体而言，首先，要坚持与农户合作这一方向，使农村合作信用社成为真正为农户服务的小型金融机构，增加给农户提供的贷款量。其次，可以缩小每一个农村信用合作社的合作范围，以其范围内的信息可以充分交流为限，从而解决道德风险和信息不对称问题。最后，还可以提高农户的消费性贷款的发放额度，提高农户的生产效率。通过完善连片特困区金融市场竞争机制，一方面可以改善正规金融机构在农村的服务质量，使农户得到更优质的服务；另一方面还可以帮助农户通过跨期平滑消费的方法来应对风险冲击。

（2）健全金融扶贫激励机制，推进村镇银行等小微金融机构发展。民间金融能够有效解决信息不对称问题，在满足农户借贷需求方面发挥着极其重要的作用，但由于其没有得到法律的认可和保护，长期受正规金融机构的排挤，缺少政府的保护和监管，发展得异常缓慢，还有相当的不规范性和金融风险存在。为此，对于特困区新型金融机构的发展，政府可以考

虑给予一定的支持和优惠，例如，可以在连片特困区加快建立地区性农村资金互助社、村镇银行和农村信用社等新型金融组织，弥补该地区金融机构缺乏的问题，拓宽该地区农户的信贷融资渠道，提供多样化的金融服务，推进该地区金融市场的发展，以使金融能够扶助相关弱势群体，真正发挥金融普惠的作用。此外，还应积极促进农村合作性金融机构向社区型银行金融机构转型，引导非正规金融规范化、法制化发展，推动农村金融供给多元化发展。同时，结合扶贫措施与各金融机构的自身优势，优化整合内部资源配置，形成政策性银行扶持引领、农村信用社和村镇银行为主体、商业性银行综合辅助的金融服务组织体系，为农户提供更好的金融产品。特困区有不少农户在从事创业，也有不少农户在进行特色产业经营，他们有强烈的资金需求，但是，由于正规金融的门槛较高，他们难以从正规银行获取信贷或只能获取少量信贷，为避免陷入融资困境，有人就求助于“地下钱庄”，甚至遭遇资金链断裂。要鼓励特困区农户创业，使他们摆脱贫困，就要首先解决他们创业和特色产业经营过程中的资金来源问题。农村微型金融组织的发展能促进这一问题的解决，这些组织可以针对特困区农户，提供种类丰富、门槛较低的创业和特色产业发展贷款，缩短对他们的信贷周期，切实提高信贷服务的效率，为他们提供方便、快捷和优质的融资服务，也为储户提供良好的储蓄服务。与此同时，可以考虑设立特困区农户的创业互助基金和金融扶贫担保基金，这些基金可以来源于政府的财政补贴和社会的捐赠等渠道。

（3）创新商业小额信贷模式，大力发展免抵押、免担保的扶贫小额信贷。发展多元化的信贷供给模式，稳定农村小额信贷利率变动幅度，完善信贷资金回流机制，设立扶贫担保基金和风险补偿基金，分散农村信贷风险，提高金融机构贷款意愿，减少农户信贷约束，缓解农户的贫困脆弱性。当前，传统的存贷款业务在我国连片特困区金融机构的业务依然占主要地位，其中间业务发展比较缓慢，对农信贷产品比较单一，这种状况就难以满足特困区农户多样化的融资要求。我们在调研中发现特困区农户不仅需要其创业和生产经营活动所需要的资金，而且他们对信贷资金的信贷额度、信贷的周期、资金的还贷期限等要求更高。为了满足特困区农户多样性的信贷需求，金融机构应创新商业小额信贷模式，促进信贷产品的多样化发展，可以考虑开发季节性信贷产品、短期农产品信贷和临时性信贷品种，以满足特困区农户的生产生活和特色产业经营的需求，进而增强他们抵御风险冲击的能力。此外，还应当积极推广小额信用贷款，进而激活和培育我国连片特困区的信用体系，小额信贷机构也要提高其对风险进行测度和评估的专业水平，并对其机构的小额信贷客户建立档案，将其信用划分等级，推动公司规范化经营。

（4）完善政策导向机制，激发互联网金融扶贫的动力。由于我国的连片特困区交通不太便利，一些区域的金融网点服务甚至出现了空白，一些区域的金融网点没有及时对区域农户进行金融新产品的服务及宣传，特困区农户的资金供求矛盾更加紧张。我国的大型金融机构考虑到自身的运营成本和盈利等问题，他们较少来到特困区经营业务或者来后也难以盈利和维持其自身经营而撤点。特困区金融需要完善政府政策的导向机制，发展不同形式的新型金融机构，拓展特困区资金的融通渠道，扩大金融的服务广度和深度，创新支农金融服务方式，探索解决贫困农户贷款难的有效模式。具体包括：给予支持扶贫的互联网金融主体一定的政策优惠，利用“互联网＋金融”推动信贷产品创新，充分发挥互联网金融的优势，打破时空限制，以众筹等方式调动社会存量资金参与扶贫，同时利用线上平台精准放贷，提高连片特困区农户贷款获得率。此外，还要增强迁移农户的信用意识，加强诚信教育，建立特困区诚信体系，并及时更新特困区的农户资料，对他们定期进行信用评分，及时预测信贷的违约风险发生概率和程度。这样，特困区的信用评价机制就可以得到发展和完善，该区域的金融生态环境也可以得到改善，合理防范和分散信贷风险，保证金融市场的安全，增强金融机构的支农动力，提高特困区金融服务水平。福建省屏南县从2007年开始探索多元化的金融扶贫路径，为此专门成立了屏南县小额信贷协会，协助金融机构受理贫困农户提出的贷款申请并为之提供担保。此外，还建立了综合信息服务平台，线上和线下同步开展农户信用评价活动，积极培育农户的造血功能①。

7.5 扩大特色产业的创收范畴，提高农户的整体创收能力

连片特困区多数以农业产业为主，产业结构相当脆弱，发展生产进行产业扶贫是实现脱贫的关键点。产业扶贫是反贫困工作的重点，按照中央的计划，过半数贫困人口都需要靠产业发展来解决贫困问题，而且教育扶贫和迁移式扶贫也离不开产业扶贫的支撑。目前特色产业扶贫发展比较好的有陕西秦巴山区连片特困区中的紫阳“富硒茶”产业、中草药产业、富硒产业，四省藏区的中草药材开发产业。此外，还有很多连片特困区具有特色产业的发展潜力，但产业发展总体水平较低，这是由于贫困户发展产业能力差，技术和资金匮乏，市场经营意识淡薄。要解决这一问题，提高连片特困区农户创造收入的能力，政府应该从以下几个方面开展工作。

（1）发展特色县域经济，转变农业发展方式。在原有发展的基础上加强农业基地建设，规模化生产，形成以农业种植和产业化为主的特色产业发展格局，并以县城为突破口，提高县城经济辐射能力，辐射带动乡村发展，形成城乡协调发展新格局。农业产业的进一步发展需要采用标准化、规模化的集约型生产模式。即通过加大土地、资金、技术、劳动力等生产要素的投入形成规模效应，获取一定的规模报酬。围绕主导产业产品，实行区域布局，专业生产和企业化管理，通过政策优惠吸引龙头企业，鼓励其与种养大户的合作，加大对龙头企业的扶贫贴息贷款支持力度，组建市场牵龙头、龙头带基地、基地连农户的一体化生产经营体系。在此过程中，需要整合农户的耕地，进行土地流转，增加固定资产的投入，提高生产效率和专业化程度，完善生产加工链条和开发新型衍生品。鼓励龙头企业和农村合作社与贫困户建立脱贫机制，设立专门针对贫困户的产业

① 郑寿明，吴滋兴，张茂林，等．基于精准扶贫视角的金融创新研究——福建屏南小额信贷促进会个案分析[J]．西南金融，2016(7)：59－62.

扶持基金。推进农业现代化建设，构建现代农业生产和经营体系，提高农业技术以及信息化水平，完善农业支持保护制度，提高农户抵御风险的能力。

（2）依托优势资源，精准选择扶贫产业。结合扶贫项目开发和产业规划，综合考虑特色和市场两个因素选择产业，深度挖掘农业产业的发展潜力，优化升级现有的产业结构。在拥有交通、资源优势的地区，建设劳动密集型产业，以实现就地就业；大力开发低、中、高端不同类型市场，还可以发展市场前景良好的现代观光农业，以获得更大的经济效益；在生态较好的地方发展绿色有机高端农产品、特色农产品，着力培育绿色农产精深加工等带动性强的特色优势产业，提高资源就地加工转化比重和农产品供给的质量，促进传统产业提质增效。在特色产业产业化和规模化的过程中，可以促进技术进步，更好地利用专业化设备，提升产品质量，进而降低生产、经营、管理平均成本，拓展利润空间，获得竞争优势，推动当地特色产业的发展。同时将农户连接到产业链，使他们参与特色优势产业发展，从中获得良好的经济效益和社会效益。

（3）建设产业转型升级示范区，促进第一、第二、第三产业的融合发展。我国连片特困区地方政府要建立健全农户与企业的利益联结机制，在此过程中逐渐形成“农村合作社 + 企业 + 农户”等联结模式，提高生产组织能力、管理能力和抗风险能力；引导农村的第二、第三产业向乡镇或产业园区集中，形成规模优势，带动第二、第三产业的发展；鼓励企业在连片特困区建立产业基地，带动基地建设，完善生产加工链条，提高产业核心竞争力，同时吸纳迁移后的农民作为劳动力，使特困区的贫困农户逐渐参加到当地的特色产业的生产经营中，这样就可以促进迁移农户和企业逐渐形成利益共同体，进而实现他们的共同进步和发展。推进休闲农业与乡村旅游发展，筹建互联网平台将连片特困区的农产品和旅游产品与运营商对接，延长产业链价值，发展产购销一体的产业化经营链①；完善利益

① 黄毅，韩琳玉．新型城镇化视角下民族地区反贫困问题研究[J]．农村经济，2015(6)：67 – 71.

分摊机制，通过项目化运作、公司化经营统一集中管理，避免无序竞争，形成品牌效应，实现可持续发展；通过引导资本回流农村，创新金融服务，为特色产业、龙头企业的发展提供稳定的资金支持，从而推动规模化、品牌化进程，提高市场知名度和竞争力。将社会效益、经济效益和生态效益有机统一起来，提高贫困地区自我发展的能力，增强发展后劲，繁荣农村经济。

7.6 增加优质人力资本积累，培育农户的自我发展能力

人力资本既包括人的数量又包括人的质量，与传统的劳动力概念相比，人力资本更强调的是人的质量。现实中，由于人力资本开发不如物质资本开发见效快、见效显，很多贫困地区政府只注重物质资本的开发，忽视人力资本的投资，导致减贫效应缺乏增长性和持续性，甚至还因资源的过度开发破坏了生态环境，连片特困区人口素质较低，农户无法合理地分散风险，贫困脆弱性普遍较高。以甘肃六盘山区为例，受资金、资源、技术等因素的制约，供给过剩的劳动力要素不能充分发挥作用，还有着较大的产品需求量，这导致了较高的贫困发生率[①]。为了走出这一反贫困的困境，使扶贫工作更加有效，必须对扶贫工作的定位进行适当调整，通过物质资本开发与人力资本开发共举，提高农户的风险管理意识，消除生存贫困和发展贫困。实行人力资本扶贫战略就是要高度重视人力资本在连片特困区反贫困工作中的作用，为整个反贫困工作提供根本保证，而教育又是培育人力资本的根本途径，加大人力资本开发的力度可以从以下几个方面进行：

（1）建立农村义务教育经费保障机制。连片特困区教育发展落后的根本原因在于教育经费投入太少，不能满足其发展需求。因此，政府应加大教育投入向连片特困区的倾斜力度，在增加专项扶贫资金并确保资金用于

---

① 余吉玲．甘肃集中连片贫困地区少数民族反贫困问题研究[J]．经济研究导刊，2016(3)：62－64.

发展教育的同时，还应提高教育经费在扶贫资金中所占的比重。应该加强普惠性幼儿园建设，提高农村义务教育阶段中小学生经费公用标准，增加连片特困区高中阶段教育资源。鼓励优秀教师和大学生到贫困区任教，加强乡村教师队伍建设，完善双语教学模式，配备教学仪器和信息化设备，改善教学环境，提高连片特困区教学质量。

（2）发展成人教育体系，提高连片特困区人口文化素质，降低成人文盲率。连片特困区人口由于地处偏僻、信息不灵、教育缺失，往往观念滞后，通常表现为不思进取、听天由命等保守心态，弱化了其脱贫的意志。目前，连片特困区的教育内容和目标仍然追求的是升学率，忽视了实际情况，既浪费了教育资源，又导致了人才的流失。教育可以培养其就业意识，拓展农户的视野，转变人们的生活观念，推迟广大农村妇女的婚育年龄，减少生育，降低负担过重型贫困的发生率。此外，通过消除观念贫困实现反贫困，还可以缓解农户的贫困脆弱性，提升农户的风险分担效率。因此，必须通过改革使教育与当地实际情况相结合，全面提升连片特困区的人口素质。

（3）提高职业教育办学水平和质量。一方面，为农户积极开展特色果林种植、牲畜养殖、荒漠化盐渍化治理、病虫害治理等先进农业技术教育，提高农业生产效率。另一方面，教育可以转变连片特困区农户落后的就业观念，培养农户的创业意识与主动就业意识。相应地，应该以市场为导向对农民工和失业人员进行针对性的职业培训，重点提供农业技术、驾驶技术或工业、建筑业和服务业等，适应农村人口脱贫致富的或市场紧缺的、有就业前景的、农民容易学会和掌握的技术或技能，为农户向非农产业转移提供技术支持，促进农村劳动力向城市转移就业和外出务工人员回乡创业，提高农户获取收入的能力。

（4）加强连片特困区医疗队伍建设。近年来，我国的医疗改革取得了很大的进展，但连片特困区的医疗卫生体系短缺，人们的医疗需求得不到满足也是不争的事实。因此，应该在保持对连片特困区的基础设施和农业投入力度的同时，大幅提高对医疗等公共服务领域的投资，并改变以往以硬件投资为主的倾向，健全执业医师的规范化业务培训制度，改善贫困区的从业环境和薪资待遇，保证基本医疗服务的供给质量和数量，减轻农户的医疗负担，使农户可以平等地享受公共服务。个人的健康状况也是一种资本存量——健康资本存量。改善人口健康状况可以有效增加劳动供给时间，提高收入，降低因病致贫的可能性。

8 中国连片特困区反贫困政策的保障措施

进入21世纪，我国的贫困格局呈出新特征，绝对贫困人口在分布上呈“大分散、小集中”的态势，我国目前仍存在14个连片特困区，有592个国家扶贫开发重点县，连片特困区的脆弱性等问题已经成为制约我国农村可持续性脱贫与发展的关键问题。连片特困地区的扶贫攻坚是中国在“进入全面建成小康社会决定性阶段”实施的彻底摆脱贫困和实现区域可持续发展的战略性决策。如今，我国反贫困政策的建立与改进正在逐步解决中国贫困人口，尤其是连片特困地区人口面临的一系列问题，努力改善他们的生产生活条件，包括教育、医疗、卫生水平和居住环境等。它从政府等社会各界的角度出发，加快实现贫困人口的全面发展，使贫困人口和贫困地区逐步融入社会进步的主流并且平等地享受社会进步所带来的一切成果。

为了保证连片特困区反贫困政策的顺利实施，需要保障措施化解其在施行过程中可能出现的问题。本章结合我国连片特困区的特点提出以下几点保障措施。

8.1 制度保障

8.1.1 建立健全可持续的农村社会保障体系，完善保险保障制度

社会保障是提升人民生活水平、保障人民生活尊严的重要措施，20世纪90年代末期，我国颁布了《城市居民最低生活保障条例》，标志着城镇

居民最低生活保障制度的正式建立，并在这十几年来逐渐完善规范。但是，针对农村居民的最低生活保障制度目前仍处于不规范的状态，与城市的社会保障制度相比，农村的社会保障在设立时间与保障水平上依然存在很大的差距。为了进一步适应新的形势，需要改革和创新反贫困政策原有的制度体系，我国连片特困区社会保障工作的顺利进行首先需要国家的法律政策支持。我国《宪法》已经规定，我国公民在丧失劳动力以及年老、患有疾病的情况下，有权利享受从国家和社会获得的物质帮助，包括享受社会保险、社会救济与医疗卫生事业服务。立法是制度有效执行与不断完善的根本，因此必须加快和完善农村地区社会保障制度法律法规的立法建设，加强其对农村社会经济发展的规范与指导作用。

要促进农村社会保险保障制度的完善，就需要建立农村社会保险基金与农村扶贫建设基金，鼓励农户参保尤其是医疗保险，并且可以同时积极推广农村地区的农村合作医疗制度，即在农民自愿的原则下建立一种具有医疗保险性质的保障制度。因病致贫、因病返贫是造成连片特困区贫困的一个重要原因，并且目前农村地区尤其是连片贫困区的卫生条件改善缓慢，相较于城镇居民，农民存在明显严重的健康问题，健康状况令人担忧。在建立医疗保险制度的过程中，应对贫困群体实行倾斜政策，对特困人群的医疗费用给予适当照顾，例如，针对没有收入来源、可能缴纳不起医疗保险费用的农村五保户，可以采取“政府补助 + 社会捐助”的形式，取消他们参与医疗保险的起付线，降低参保门槛，通过政府主导并给予一定的财政支持，社会公众、慈善机构等共同参与来为特困人口筹集保险费用，使其也能够平等地享受国家所提供的医疗保险。同时，应该大力促进大病保险对特困区的全覆盖，着实解决农户“看病难、看病贵”的问题，有力消除农户患大病后的后顾之忧，鼓励其积极参与治疗，有效控制地方病的发生与传染。

同时，有效扩大社会最低保障的覆盖范围，农村最低生活保障是国家旨在解决农民温饱问题的兜底性政策，旨在保障广大农民的生存权，维护社会稳定与公平正义。扩大最低保障的覆盖范围、完善社会最低保障制度有利于将开发式扶贫与低保政策相结合，真正做到“低保维持生存，扶贫促进发展”的农村工作定位①。

8.1.2 强化金融支持制度

随着我国经济金融体制的逐步建立与完善，我国的连片特困区也需加快金融体制改革的步伐。解决我国的贫困问题需要持续不断地对其提供金融服务，实行精准扶贫，探索并建立适合我国国情的金融扶贫体系。

（1）从政府视角来看，政府在金融扶贫与金融支持中发挥着十分重要的作用。政府应在金融扶贫中积极完善相关配套政策，制定相对优惠的财政税收政策，激励商业银行等各类金融机构积极参与贫困地区的金融扶贫；国家还应加强金融基础设施建设，完善农村地区的征信制度，推动普惠金融的大力推广，努力增强农民的金融意识，为金融机构在贫困区开展业务提供良好的金融生态环境；同时，政府可以积极推动农村金融机构的改革，增加农村地区金融机构的种类与存量，如鼓励小额信贷组织的生长与发展，鼓励商业银行等在农村地区增设网点与分支机构等。此外，政府还应在鼓励商业银行等正规金融机构进行金融扶贫的同时，注意正确引导民间金融的发展并对其进行逐渐规范化管理，使其能真正为广大贫困区农户提供高效便捷的金融服务。

（2）从金融机构的视角来看，作为金融扶贫的主体，各类金融机构应该充分发挥其比较优势。政策性商业银行应充分发挥其政策性，积极响应政府的政策引导，尤其是中国农业发展银行应广泛筹集社会资金后反哺“三农”，大力支持农村基础设施建设、促进城乡一体化建设，形成多领域、全方位的支农体系与格局。对于重点服务对象在城镇的大型商业银行来说，直接进入农村金融市场，面向广大农户开展信贷等金融服务业务，不可避免地需要较多的时间成本与操作成本，并且可能会带来一定的道德风险问题，加大银行的不良贷款水平，降低贷款回收率。因此大型商业银

① 《中国农村扶贫开发纲要(2011—2022 年)》。

行在贫困区的金融扶贫过程中，可以采取间接参与的方式，发挥其资金优势，为贫困地区的龙头企业发展或基础设施建设工程、农业综合开发等项目提供贷款等资金支持，贫困地区的龙头企业与基础设施的发展往往对当地解决劳动力就业、促进产业与经济发展具有重要作用，有利于贫困户脱贫，增加农户家庭经营性收入，因此大型商业银行的间接参与能够间接地带动当地贫困人口的发展。微型金融机构相较于大中型商业银行，能够更加贴近农村与农户的生活，所以应以服务小微企业与农户个体为主要目标，对其提供小额信贷，实行“精准到户”扶贫。小额信贷是一种以城乡低收入阶层为服务对象的小规模的金融服务方式，既是金融服务的创新，也是扶贫的一种重要方式。可以通过在农村地区设立代办点，在贷款申请、贷款发放、贷款跟踪等环节层层建立监督机制等方法促进贷款质量的提高，使得贷款风险能够在基层及时化解。金融机构还可以通过不断地开发金融产品与服务，促进贫困区金融支持制度的创新与完善，设计符合广大农户需求、能够切身改善其生活质量的金融产品与服务。例如，中国农业银行针对农户的“惠农卡”服务就是一个很好的示范，中国建设银行在云南省的58个贫困县域企业建立“善融商务”电商服务平台，整合银行在资金流、信息流以及物流上的资源，通过如今发展势头正猛的电子商务模式带动广大贫困区农户脱贫致富。

同时，在我国连片特困区的反贫困过程中，金融市场应当获得更大的开放，市场准入标准需要适当降低，使小额信贷机构更易满足进入金融市场的条件并取得合法地位，也要保障它们的权益，扩大小额信贷模式的扶持贫困人口范围，充分发挥金融的约束激励机制。同时，可以实行集中连片特困农户的信贷贴息制度，由地方政府或企业实行农户的小额扶贫信贷全额贴息，这样就可以解决农户投产后短时间内无法尽快获得回报、高利息难以承担等相关问题。

8.1.3　建立特困区间协同合作制度

秦巴连片特困区、武陵山连片特困区、滇桂黔石漠化地区与四省藏区尽管都分别包含不同的行政区划，但是它们的自然环境与生态环境相似、各区域内的文化背景一致、区域认同感强烈，因此，为了应对集中连片特困地区协调合作问题，应大力建立协同与合作机制，敦促各地克服纠正部门利益主义与地方保护主义，树立大局意识与一体化发展的理念，建立各主体间完善的合作机制与联动机制，加强区域和行业合作，提升扶贫水平与效果，通过产业一体化带动扶贫一体化。

（1）需要大力完善政府间合作机制，由中央政府统筹规划，连片特困区地方政府积极参与，进而实现资源合理配置。例如，根据国务院扶贫开发领导小组的部署，滇桂黔石漠化区的工作由水利部和国家林业局负责，主要是处理和解决约束该地区发展最迫切的问题，即工程性缺水和生态脆弱问题。在其全面部署下，滇桂黔石漠化地区的工程性缺水等问题有所解决，他们的工作成效也逐渐显现。武陵山片区成立了“武陵山片区扶贫开发合作协调委员会”，该委员会是由发改委（局）牵头，由财政、民政、农委及扶贫办等各级政府部门构成，在他们的努力下，“武陵山片区扶贫开发合作框架协议或实施办法”得以制定。在协议或实施办法的指导下，该委员会定期召开年会，商议特困区的合作和开发事项，进行扶贫开发经验交流，建立项目合作，促进各区域之间的联动，使得扶贫开发效果更显著。

（2）促进片区产业协作，连片特困区通常都具有共同的资源，片区应该大力进行产业合作，实现规模化效应并扩大其影响力。例如，武陵山连片特困区可以利用其丰富的旅游资源与跨区域的旅游线路合作发展武陵山旅游圈，打造省际黄金旅游线路，建立旅游合作扶贫机制，并逐步通过多种措施扩大该机制的影响力。武陵山连片区目前所拥有的“武陵山民族文化艺术节”就是一个较好的示范项目。滇桂黔石漠化地区应该以沿边多个县为重点，逐渐开放沿边地区，提升其开放水平。目前，滇桂黔石漠化地区的广西片区已经建立了一些经济合作区，其中的中越跨境经济合作区、南宁—新加坡经济走廊及以及百色边境经济合作区就是典型代表，整合多个区域资源大力发展开放型经济，如发展边境贸易、跨境旅游、出口加工等外向型经济，加强该区域与我国港澳台地区以及发达国家的联系，并且积极融入广西北部湾经济区和西江经济带建设。

8.1.4 建立生态补偿制度

14 个连片特困区中大部分贫困区土地贫瘠，自然条件恶劣，生态环境脆弱，同时经济的高速发展、城镇化的加速以及对资源的大量无节制开采使得连片特困区的生态平衡受到更为严重的破坏。其中，部分片区如武陵山区、滇桂黔石漠化地区等存在严重的水土流失与石漠化问题。农村贫困区与生态脆弱区高度重合，生态脆弱性造成了生态性贫困，也造成了连片贫困地区贫困的循环性与不公平性的两个特征，严重限制了贫困区的经济发展。因此，协调经济发展与生态脆弱二者之间的关系，解决人与自然的关系已经成为解决连片特困区贫穷问题的关键。这就亟须建立有效的生态补偿机制，即根据生态保护成本、生态系统服务的价值以及经济社会发展的机会成本，以调节生态、促进人和自然界的共同发展为目的，发挥政府和市场各自的作用，保护生态环境，同时维护利益相关者的正当权益与利益。适时开展生态保护与补偿的立法工作，2015 年《环境保护法》的修订中，新增了生态补偿有关规定，这就为农村地区土地生态补偿制度的构建与完善提供了明确的依据。

（1）应该明确农村生态补偿制度中补偿关系的主体。对进行生态友好型农业工业生产的经营者以及对农村地区生态保护做出积极贡献的人群提供生态补偿，如果让他们在进行生态保护的同时自己承担保护环境的成本，不免会打击其积极性，进而难以保证生态保护的持续性与可发展性，所以，需要动员全社会的力量，为这些做出贡献的群体提供合适的生态补偿，帮助他们将生态保护成果转化成为一定的经济成果，鼓励其继续进行持续的生态保护。国家应该自觉扮演补偿者的角色，在政策的推动或项目的实施下消费甚至破坏农村地区的土地或其他生态资源后，积极承担责任，对生态破坏地区提供一定的财政补偿或政策扶持，并向其他的相关受益者强制性征收相关费用，从而彰显生态公平，真正做到“谁开发谁保护，谁破坏谁恢复，谁受益谁补偿，谁污染谁付费”。

（2）应该不断完善贫困区农村生态补偿的补偿方式。改革目前单一的补偿方式，建立多种方式相辅相成的生态补偿机制。例如，纵向补偿与横向补偿机制相结合，目前我国大部分地区仍然是依靠中央政府财政补偿的纵向补偿机制，横向补偿机制仅仅在少数几个发达地区建立，如北京、天津、广东等地。连片贫困区的发展应借鉴其横向补偿的经验，在不具有行政隶属关系的省际或市际乃至县际之间，通过采用公共政策或市场化手段调节各地区之间的制度安排与相关利益问题，扩大横向补偿的应用范围，实现与纵向补偿相互补充、相互促进的新局面。在我国连片贫困区生态补偿机制发展中，还可以采用政府补偿与市场补偿相结合的方法，运用政府有力的财政资源与行政资源，通过转移支付、政策优惠等非市场方式实施生态补偿，同时，市场可以利用其灵活性与多元化特征，通过价格机制规范并引导各主体的行为，有效弥补政府补偿中存在的管理成本高、信息不对称、效率低下等问题。

（3）还应扩大农村生态补偿的资金来源。要完善中央财政的转移支付制度，使财政转移支付实现公开化、制度化，加大财政对生态补偿的投入规模，增强公众对政府转移支付的监督力度；建立农村生态补偿基金制度，鼓励社会大众积极参与到贫困地区的生态补偿中，实现区域资源与环境效益、经济效益的优化改进。

8.2 资金保障

8.2.1 加大扶贫资金投放力度

《中国农村扶贫开发纲要（2011—2020 年）》规定，我国要重点支持 14 个集中连片特困区，而且中央政府扶贫资金的新增部分将要用于我国这些特困地区的发展。① 统计数据显示，如果要帮助一个贫困村建立公共基础设施建设大约需要100万元，要帮助其彻底摆脱贫困则需要更多的资金支持。目前，我国逐年加大了对连片贫困区的扶贫资金投入，各省也加大了配套资金的投入，已经取得了较为显著的成效，农民的生活得到了一定程度的改善。但是从投入扶贫资金总量来看，目前我国贫困村在实际扶贫开发中获得的资金投入仍然非常少，还存在巨大的资金缺口。我国扶贫资金主要包括政府财政专项扶贫资金、政府对象性扶贫资金和社会扶贫资金三种（见表8－1）。当前，我国形成了以财政专项扶贫资金为主体，以政府对象性扶贫资金和社会扶贫资金为辅助的投入体系。资金是否充足、使用是否到位成为扶贫工作是否发展与完善的重要条件，扶贫资金支持不足，扶贫工作就如同“无本之木、无源之水”。从连片特困区村的扶贫资金总量来看，这在增加农业总产值、农民收入、提高农户脱贫率与降低返贫率等方面都有显著效果，增加扶贫资金的投入毫无疑问对广大农村地区贫困问题的缓解具有积极作用。

表8－1 我国扶贫资金体系

扶贫资金的主要类别	扶贫资金的具体内容
政府财政专项扶贫资金	(1) 中央财政资金（包括财政发展资金、新增财政发展资金、以工代赈资金） (2) 省级地方配套资金
政府对象性扶贫资金	(1) 国家机关的定点扶贫资金 (2) 对口扶贫资金
社会扶贫资金	(1) 社会团体扶贫资金 (2) 国际援助扶贫资金

这样看来，政府应该从各集中连片特困区的现实状况出发，根据各自的贫困现实来投放扶贫资金，增加对它们的转移支付，这样集中连片特困区的基础设施建设、农户生活改善和社会事业的发展才得以改善，国家的

① 王建平. 连片特困地区政府扶贫资金的减贫效果评价——以川西北藏区为例[J]. 决策咨询,2015(2):40－42,48.

扶贫优惠政策也能切实落实到真正需要的地区和农户手中，进而降低农村地区贫困率，提高贫困人口生活质量。同时，相关社会组织也应该提升其实力与影响力，加强自身建设，积极改革社会组织管理体制，降低准入门槛、简化登记注册等各种手续，为社会组织的发展提供良好宽容的生存与发展空间，充分发挥其具有的巨大潜力。增加对慈善事业及公益广告的资金投放，营造人人参与公益的良好氛围，增强特困区广大群众的公益意识，广泛动员全社会共同参与扶贫开发，发扬扶贫救济的优良传统，塑造人人献爱心、乐善好施的社会氛围与风气，培育人们的社会责任感与公益心，从而募集到更多的扶贫资金，更好地支持扶贫项目的顺利开展，促进贫困地区的经济发展。

8.2.2 加强对扶贫资金的管理与监督工作

在实际扶贫项目的开展中，由于扶贫工作点多面广，牵涉的扶贫对象多，资金的规模也大小不一，执行的主体各有不同，还存在扶贫工作重视不够，资金不到位，群众参与性不高，资金挪用、滥用等一系列问题。为保障扶贫项目资金最大化地发挥效用，切实改善特困区农户的生产生活水平，需进一步管理与监督扶贫资金的使用。

（1）切实建立扶贫项目实施及专项资金拨付到位情况的检查机制，并进行必要的项目进展跟踪机制，确保有专人负责且一“跟”到底。扶贫资金涉及的金额数量庞大、牵扯的部门与人员众多、覆盖范围广，种种特点要求相关部门应对扶贫资金的流向、使用等整个流程进行全程监管。明确各机构的职能，有效协调各部门组织之间的利益冲突，减少部门之间争权夺利行为的发生，使其相互配合、相互协作，严格实行下级部门对上级部门的层层扶贫资金报账制管理，使扶贫资金的下拨、使用与管理实现全程阳光化运作。同时，有效发挥纪检部门、监察部门、审计部门等的监督职能，定期检查与不定期检查相配合，对扶贫资金进行监督，并加强多部门联合监督检查的工作力度，及时发现并解决问题，将问题化解在基层，有效防止对扶贫资金进行截留、套取、挤占、挪用等违法乱纪等行为，使扶贫资金能够真正起到帮贫、助贫的作用。

（2）建立和完善扶贫资金的使用披露制度，通过政府网站、村民大会等多种线上线下的渠道向公众公开扶贫资金使用情况与项目规划进展等相关信息，如在扶贫项目实施前，将扶贫资金项目的投向以及具体预算安排通过村民大会、政务公告栏、政府信息网站等多种渠道方式向农户公开与公示；在扶贫项目实施期间，将项目最新进展及时向公众公示；在扶贫项目实施完成后，及时将帮扶对象、标准及项目资金的使用情况等问题公布，确保扶贫款项有据可查，保证农户的知情权与监督权，让权力在阳光下运行。同时，还可以在乡镇地区建立村民自发成立的扶贫资金项目义务监督小组，村委会主动不定时地向小组成员通知扶贫资金项目的进展情况，小组成员在广泛征求各家各户的意见与建议后，及时将这些意见反馈给村委会，再由村委会向各职能部门及时通报，及时处理广大农户的意见与建议。

（3）对扶贫中的失职行为予以问责处理，只要发生了扶贫资金的挤占挪用、截留克扣、虚报数额或者损失浪费等违法违规现象，既要处罚相关单位与部门，也要对其领导与相关负责人进行惩处。上述这些违法违规现象存在的重要原因之一就是其能带来的收益远超被查处后要承担的违法成本，因此，必须明确细化涉案人员并对其严肃处理，对违法违规现象加大惩处力度，该揭露的揭露、该曝光的曝光、该严惩的严惩，消除不法分子的侥幸心理，提高违法成本，增强震慑与警示作用，保证扶贫项目资金高效、合法、合理地使用。

8.3 技术保障

8.3.1 发展特色产业技术，提升产业扶贫效果

我国的许多连片特困区都具有区域特色优势，以市场为导向，整合区域特色资源，发展特色产业技术是特困区反贫困的有效途径之一。对于四省藏区来说，青藏高原特殊的地理位置与环境，以及所带来的独特人文历

史，决定了藏区产业选择的特殊性。产业发展应选择符合高原气候地理特点、具有较长产业链、有较鲜明产业特色与比较优势、发展前景较好的优势产业。作为地处“世界屋脊”与地球“第三极”的藏区，这里有着一方净土，是太阳能与水能等多种新能源的富矿区，也有着丰富的绿色食品与多种珍稀名贵中药材，同时也是独具魅力的藏族文化形态的保护地。因此，四省藏区可以把特色现代农业、特色旅游业和特色中医药业等特色产业作为主要发展方向，大力发展“净土”产业，即无污染的绿色产业、“圣地”产业即藏族特色文化产业以及高原旅游业。在科学规划、合理布局、突出重点、倾斜投入的基础上，进行产业技术的优化升级，形成发展链条，促进产业规模化发展。在“净土”产业的发展中，充分利用其绿色“净土”特色与优势，支持绿色食品业、绿色医药保健品与高原农牧业等绿色生态产品产业。西藏雄县的5100矿泉水便是一个很好的绿色产业扶贫案例，西藏雄县位于海拔5100米的高原地区，2005年前牧民的家庭年收入只有不到2000元，生活十分穷苦。但在引入西藏5100冰川矿泉水企业后，该企业利用西藏地区特有的水资源优势，大力发展水资源产业，如今已经成为西藏自治区产值最大、现代化程度最高的企业，也有力地促进了当地居民的收入增加，解决了牧民的就业问题。在“圣地”产业的规划发展中，主要依托藏区独特的藏传佛教，大力展现藏文化的丰富内涵。目前，藏戏与热贡唐卡已经被列入世界级非物质文化遗产中，不断吸引着全球各国人民的目光。

秦巴连片特困区处于山地垂直温度带，具有丰富的水资源与物种资源，应充分利用其丰富的自然资源发展生态农业、生态工业等，将现代农业生产技术成果与传统农业的有效经验相结合，实现从单一技术向综合技术的转变，发挥出集成技术的综合优势，并积极运用“企业 + 园区 + 基地 + 农户”“科研单位 + 园区 + 农户”等各主体相互结合、协作发展等模式推动生态农业可持续发展；建立生态工业园区，发展生态工业，运用高新绿色环保技术着力改变传统工业结构，缓解人地矛盾，努力培育新的经济增长点。最后，还可以通过发展生态旅游、物流配送等生态服务业促进秦巴连片特困区的特色产业发展。

滇桂黔石漠化地区土地匮乏、资源较为稀少、生态条件恶劣，地区发展以农业为主。应合理利用喀斯特地貌中土地含钙量高的特征，种植喜钙的农作物，发展经济价值高和利于生态修复的名、优、新及反季节经济作物和瓜果蔬菜。① 并提升农产品加工业技术，完善农业科技的推广机制，从而提高农产品附加值。

武陵山连片特困区生态环境脆弱，农业自然灾害频发，可以在产业技术发展上主要选择优质茶叶、烟叶、优质林果、优质药材、畜牧业等特色种养殖业、特色农产品加工业与特色旅游业，加强特色农业产业与特色旅游业的有机融合②，帮助农户走出贫困。

8.3.2 发展农村灾害风险预警和管理技术

连片贫困区大多面临着生态环境脆弱、自然灾害频发的问题，加之区位条件均相对偏僻、相关技术发展水平落后，使得农户面临极大的生计风险。所以在扶持产业发展的同时，还应在贫困区大力发展自然灾害、病虫害等风险的识别、预警、测度、防范等风险管理技术，帮助农户能够有效预防风险、最大限度地减少损失。

如秦巴连片特困区的季节性暴雨及次生灾害严重，暴发洪水，导致滑坡、泥石流等自然灾害。山区洪水风险管理应该包括灾前预防及减缓、临灾准备、灾中应急、灾后恢复四个阶段。灾前可以通过防洪工程措施、洪水风险评估、基于风险评估的土地利用规划、实施流域的水土流失治理等措施降低洪水发生的可能性和量级，还可以实行危险区域的搬迁避让措施，将居民及财产搬离洪水的高发风险区，提高山区洪水风险的应对能力；通过责任应急预案制定、雨水情监测和预警预报等进行充分的灾害准备措施，从而有效降低灾害带来的损失；灾中应急、灾后恢复也应通过应

① 张榆琴，田东林，李学坤．云南省石漠化片区反贫困问题探讨[J]．中国集体经济，2012(6)：35－36.

② 恩施州人民政府扶贫开发办，等．湖北武陵山片区产业扶贫实施规划(2013—2015年)[R]．2013，4：62.

急抢险、社会秩序维护、灾害保险等措施尽量降低灾害给农户带来的生命与财产损失。同时，也可以通过广播站、公告栏等多种途径向农户进行风险宣传和教育，提高风险区内农户的风险意识以及其应对风险的能力。

相较于秦巴连片特困区的洪涝灾害，武陵山区面临的更多是旱灾的影响，武陵山区属于亚热带向中亚热带过渡的气候类型，全年降水量较少且相对集中，再加上地处山地丘陵区，导致武陵山区近年来农业旱灾频发且程度日趋增加。因此，该地区需要改变以往被动应付灾害风险的状态，由被动抗旱转变为积极抗旱，对农业干旱灾害制定有效的风险预警与管理机制。首先，应提高旱情监测预警能力，形成覆盖整个区域范围、布局合理、信息完整的旱情监测站网。其次，可以通过加强粮食战略储备、建立地下水战略储备等方式实施干旱巨灾风险回避战略；通过促进当地抗旱基础设施建设，提高抗旱供水能力以及加强水土资源保护等方式实施干旱风险控制措施，减少甚至避免旱灾的发生与蔓延；在旱灾已经切实发生的情况下，可以通过提高抗旱应急响应能力与抗旱应急服务能力实施干旱灾害风险处置战略，减轻风险可能造成的各种损失。

8.3.3 促进农业信息网络技术的发展与普及

如今，我国已经逐步进入了信息时代，信息技术从各方面深刻影响着人们的生产与生活方式，信息化成为推动经济发展的重要举措。而农业农村信息网络技术的发展是国家信息化建设必不可少的组成部分。但目前我国农村尤其是连片贫困区的农业信息网络技术发展十分缓慢，信息化观念滞后，缺少信息人才，信息基础设施建设也十分薄弱，仍有不少乡村没有安装电脑与网络，市场经济总是处于被动、落后的状态。

信息化基础设施是农村地区信息化建设的前提条件与物质保障，也是农村信息化建设的最基本内容。在当今时代，贫困地区的信息基础设施建设是与农村道路、供电、供水等基础设施同等重要的农村公共基础设施。当前，在发展连片特困区信息化的过程中，首先，应该大力建设该地区的信息基础设施，发展广电网、电信网以及互联网三种基础网络体系以及广播、电视、电话等信息化终端设备，加大光纤通信网络、卫星接收设施等基层服务站的发展力度，实现由“村村通电话”“村村通广播电视”到“村村通网络”的实质性发展。其次，主要应依靠政府主导并扶持、企业投资的战略，努力搞好农村信息技术的培训，把农民当前最需要的市场信息、农业科技等通过信息网络技术以通俗易懂的方式简明扼要地介绍给乡村基层干部，再由他们将这些最新消息传递给乡村里的家家户户，提高农民使用信息的能力，培养广大农民的科技意识，即学习科技、利用科技，利用科技兴农致富的意识。依靠各类信息门户网站，研发出适宜于广大农民学习的信息化相关培训课件、教材，建设信息化培训基地与信息化农业示范工程，由专业的技术人员或专家专门向农民讲解与示范如何利用信息技术发展农业，使农民充分认识到信息技术的重要性，提高农民对信息技术的了解度与接受度，激发农民在农村信息化建设中的积极性与创造性。

同时，应充分利用网络资源，扩大移动网络的覆盖范围，促进农业科学信息技术的广泛应用，积极推动 GPS、GIS、应急信息管理系统等现代信息技术在农业生产中的应用，用信息技术装备农业，促进农业现代化以及贫困区的农业经济发展。

8.4 人力保障

8.4.1 普及基础教育，提高农户素质水平

教育是开发人力资源、培养人生产劳动能力的最根本手段，教育的发展为一个国家或地区的经济发展提供了内在动力，能够决定一代人乃至几代人的文化素质与生活素质。在国家的教育发展中，基础教育又是各类教育的基础，在整个教育体系中处于核心地位，是后续进行中等教育与高等教育的重要前提与保障。目前我国虽然强制性实行了九年制义务教育，并进行了多次教育改革，但在部分地区尤其是贫困地区基础教育依然存在很大的问题。贫困区的九年制义务教育入学率远远没有达到 100%，学校建设简陋、师资队伍缺乏，办学资金不足、办学力量不够，导致连片特困区

的农村家庭成员普遍存在受教育程度低、教育观点落后、文盲率较高等问题，这是进行反贫困政策的一大障碍。

贫困地区应重视教育，特别是基础教育的发展，强制实行九年义务制教育，采用多层次、多渠道的办学方式，使每个农户家庭的每个孩子都能够上得起学，能够上学。首先，政府应加大对贫困地区基础教育的资金投入，通过制定相关政策，明确中央与地方政府在教育上的投入责任，防止出现政府之间相互推诿的现象，确保教育资金的数量。同时，要建立健全政府对教育经费的管理监督机制，使有限的经费能够专款专用，从而发挥最大的作用，杜绝挤占、挪用、贪污教育经费等违法违规现象的发生。其次，国家应该重点关注支持贫困地区的教育发展，新建校舍，引进高质量师资，鼓励大学生回乡创业，扩充特困区的师资人才队伍。教育的发展离不开大量优秀称职的教师，针对贫困地区教师“不愿去、留不住”的现象，政府与有关部门可以采取相关措施来确保农村地区教师的工资足额按时发放、建立健全农村教师的工资保障体制与教育激励体制、向农村地区教师发放生活补助金等多种方式来提高农村教师的待遇水平。还可以通过制定相关优惠政策吸引师范或非师范类优秀毕业生到农村地区任教，对农村地区教师定期培训，鼓励其参加继续教育，从而提高农村地区师资队伍的整体素质。再次，政府与相关部门应该积极引导农户树立正确的教育观念，家庭的教育观念对学生具有十分重要的作用，农村存在的一些封建迷信与不良的教育观念必然会影响学生，使农户家庭的孩子在教育方面无法树立正确的观念，阻碍其学习知识文化与提高思想道德水平。政府可以在农村地区进行广泛的宣传教育活动，向家长介绍《未成年人保护法》《义务教育法》等相关法律条例，并对家长的违法行为做出相应的处罚，提高农村家庭对教育的重视程度。最后，政府还应关注处于我国农村的一个特殊群体——留守儿童，建立档案，对当地留守儿童的情况进行充分的了解，设立心理咨询机构，对留守儿童普遍存在的亲情感缺失、性格孤僻等问题做出专业的疏导与教育，消除他们的心理障碍，鼓励其参加教育。通过种种措施逐步提高贫困地区人口的文化素质水平，降低文盲率，开发贫困地区的人力资源，只有这样才能真正突破贫困地区的“马太效应”。

8.4.2 产教融合，发展农村职业教育

“精准扶贫”是我国新时期扶贫工作的战略选择，需要配套的教育扶贫方案，定向农村职业教育是服务精准扶贫的重要方式。① 针对农户专业知识匮乏、技术水平低的情况，首先，应该实行更加有针对性、实用性的职业技术培训，结合当地特色产业，积极引入各类扶贫资金和财政支持贫困区的职业技术教育发展，全方位、多渠道地加大对职业教育学校的投资力度，通过校企合作等形式对农村的职业教育办学形式进行创新，使贫困地区的职业教育吸引民间资本大量投入，构建以国家政府拨款为基础、社会多方筹集的资金支持体系。提高职业院校的管理教学水平，并鼓励支持免费的职业技术培训，产教融合，使贫困人口拥有一技之长，拓宽贫困人口的就业渠道，培养农村实用人才。其次，增设教育贷款，采用教育贷款分级制度，对贫困家庭实施教育贷款倾斜政策，采取适当的利息减免措施，大多数家庭都可以使其子女或年轻劳动力拥有一技之长。随着就业形势与就业政策的变化，可以通过农村劳动就业指导中心定期向农户普及农业知识与日常科普知识、为外出务工人员提供免费的职业规划指导、下岗失业人员就业再培训、农村劳动力转移就业培训等方式，减轻贫困地区人口就业的盲目性，提高教育培训的实用性与针对性，全面提高贫困地区劳动力的职业技能与素质，促进其收入水平与生活质量的上升。最后，还应建立农村地区职业教育与农村劳动力就业的调查与评估体系，通过对农村职业教育的评估，有效检验其教育成果是否符合劳动力市场需求，并了解差距，有助于农村职业教育学校更好地制定并改革创新相关课程规划与设计。同时应完善与规范持证上岗的用人制度，打破劳动技术人员以文凭高低论工资待遇与社会地位的传统做法，提高农村贫困人口参加职业教育的主动性与积极性，培养更多符合市场需求的专业技术人才。

---

① 唐智彬，刘青．“精准扶贫”与发展农村定向职业教育[J]．教育发展研究，2016(7)：79－84.

8.4.3 合理引导人口流动，促进人力资源的有效配置

我国经济学家林毅夫在《制度、技术与中国农业发展》（2000）一书中认为，我国的耕地面积过少，但是农民数量过多。农村人口占全国的2/3，要想使农民在真正富起来，就必须从农业中转移出去一部分人口。人口流动是人力资源开发的有效途径，能够促进人力资源的有效配置。目前我国的连片特困区农村劳动力占绝大多数，由于传统观念以及我国长期实行的城乡分割的户籍制度与就业体制等因素的影响，农村地区人口缺乏流动性，农村劳动力过剩，造成了人力资源的大量闲置与浪费。

因此，促进农业人口的合理流动成为开发农村人力资源、提高农民收入的重要举措。首先，人口流动要以市场为导向，充分发挥市场机制的基础作用，减少人口流动的盲目性。政府应通过各种措施完善与规范农村地区人力资源市场的管理，建立有效的市场信息系统的服务网络，加快劳动力市场的建设，根据就业形势有针对性地指导农村劳动力流动，有效地连接劳动力的供需双方，促进贫困地区的劳动力市场供求平衡。其次，应加快户籍制度的改革，逐步取消农业户口与非农业户口的性质差别，降低落户门槛，放宽对人口流动的限制，取消对农民在城镇就业的种种歧视与不公平待遇，切实保障其合法权益，提高其进城务工的积极性与主动性，促进人才资源配置的市场化。并加强对外来务工人员的管理，切实落实解决外来务工人员的医疗保健、子女教育等问题，提高他们的生活水平，解决农民进城务工的后顾之忧，逐步降低城乡二元结构的影响。最后，政府要加强对人口流动的宏观调控，打破地区间劳动力转移的行政壁垒，改变传统的“地方保护主义”，对农村人口流动的数量、途径、方向等应有科学的规划与政策指导，促进人口流动的组织化与有序化。

9 结论和政策启示

9.1 结 论

贫困脆弱性作为一种事先的度量农户贫困的指标，具有前瞻性，而研究贫困脆弱性的最终目的是降低脆弱性和预防贫困，从贫困脆弱性的角度反贫困可以更加深入地理解贫困，并且可以相应地估计贫困的走势，具有贫困指标所无法比拟的优势。本书从贫困脆弱性出发，从理论层面研究了风险冲击、脆弱性和农户贫困形成关系之间的理论分析，并分别探讨了秦巴山区、武陵山区、滇桂黔石漠化地区和四省藏区等四个连片特困区的贫困发展状况，风险冲击现状和脆弱性特征。然后根据我国连片特困区2318个农户的实地调研数据，度量了这四个地区的贫困状况，并分析了大病、灾害等风险冲击对贫困的影响，使用VEP模型实证度量了我国的贫困脆弱性，分析了贫困脆弱性和贫困之间的关系，并研究了风险冲击、人力资本、物质资本、社会资本、金融资本、自然资本农户脆弱性的影响。最后提出了反贫困策略及策略实施的保障措施。本书的主要结论如下：

（1）风险冲击、脆弱性与农户贫困的形成机理。在考虑中国连片特困区自然灾害频繁、生存条件恶劣、生态环境脆弱的特殊性的基础上，借鉴现代风险管理学、保险学、发展经济学及农村经济学有关理论，对风险冲击作用于农户贫困的内在机制和脆弱性与农户贫困的相互作用的动态机制进行严谨的理论分析，在此基础上提出若干可供验证的假说。本书在该部分阐释了贫困和脆弱性的内涵，分析了脆弱性的形成机理，认为脆弱性与风险冲击以及农户应对风险的管理手段相关，风险冲击程度相同时，有较强风险管理能力的农户受到冲击程度较弱，福利损失较小，陷入贫困的可能性较小。脆弱性的程度依赖于风险冲击的特点和抵御风险的机制，而这两点又依赖于农户家庭的资产情况。贫困农户的资本情况较差，抵御风险冲击的能力较差，容易导致长期贫困。非贫困农户可以分为脆弱性较高的群体和脆弱性较低的群体。非贫困农户面对较大的风险冲击，由于自身的风险抵御机制较弱而更容易陷入贫困，能够经受住冲击的家庭不会陷入贫困。本部分探讨了脆弱性和贫困之间的联系和区别，提出了贫困的农户更加脆弱，相同类型农户的贫困程度会随着脆弱性程度的提高而加重，农户所拥有的家庭资本对于其脆弱性有较大影响等观点。

（2）中国连片特困区农户风险冲击识别及脆弱性特征。本项目在“11+3”个连片特困区中选择秦巴山区、滇桂黔石漠化地区、四省藏区、武陵山区4个连片特困区作为案例，深入这些连片特困地区进行实地调研，通过数据识别不同连片特困地区的贫困现状，所面临的风险冲击，比较不同地区的农户脆弱性，总结中国连片特困区农户的5个脆弱性特征：多数处于边缘化地区，区位条件相对落后；自然条件恶劣，生态环境脆弱；行政分割相对严重，公共资源分布不均；灾害、疾病风险频发，农户损失严重；生计资本缺乏，农户抗风险能力差。

（3）中国连片特困区风险冲击对农户贫困的作用。通过对我国案例连片特困区实地的个案调查和问卷调查获取一手数据，采用Sen指数、SST指数、FGT指数来度量贫困，并对这些连片特困区风险冲击对贫困的作用进行经验分析。研究发现：①从计算结果来看，这三个指数在显示4个连片特困区的贫困强度上都具有比较高的一致性，贫困强度由高到低分别为秦巴山区、四省藏区、滇桂黔石漠化地区和武陵山区。②秦巴山区、武陵山区、滇桂黔石漠化地区和四省藏区的模型拟合优度分别为0.6150、0.5862、0.4135和0.5130，总体来看，从Probit模型对该四个地区样本观测值的拟合程度比较好，因此，选取Probit模型进行实证分析是合适的。③就4个连片特困区整体而言，共同风险、自有风险、慢性病和急性病的系数都为正值，说明风险冲击对连片特困区农户家庭致贫产生了正向影响，4 个连片特困区整体上银行存款、户主受教育程度、亲戚朋友的帮助、家庭经营性业务、外出务工对农户家庭贫困都产生了负向影响。④从 4 个连片特困区分别来看，就秦巴山区而言，农户资产、户主的健康状况、农户家庭劳动力数量对农户贫困产生了比较大的影响，但不显著。就武陵山区而言，户主性别、户主健康与否、农户是否买保险对农户家庭贫困产生了较大影响却不显著，说明农户户主自身健康程度和转移风险策略是影响农户家庭贫困状况的因素，但并不是导致农户家庭贫困的主要因素。就滇桂黔石漠化地区而言，户主年龄、土地面积、对农户贫困与否均有显著的负向影响。就四省藏区而言，银行存款、经营性业务、外出务工对农户家庭贫困与否产生了显著性的负向影响。

（4）中国连片特困区农户的脆弱性与贫困关系的经验分析。本项目使用 VEP 模型对不同连片特困区农户的脆弱性进行测度；并通过数据分析对中国连片特困地区农户的脆弱性与贫困的关系进行经验检验，并研究影响连片特困区农户脆弱性的影响因素。研究发现：①在我国的贫困线标准下，连片特困区贫困发生率为 37.05%，非贫困农户占比 62.95%；脆弱农户占比 46.22%，非脆弱农户占比 53.78%，可见贫困与脆弱性是度量农户福利水平不同的两种方式。贫困农户中脆弱的农户比例为 68.83%，显著高于非贫困农户中脆弱农户的比例（32.92%），因此贫困农户更易成为脆弱农户。脆弱非贫困的农户占比为 20.72%，这些当前并不贫困的农户下一期很可能会陷入贫困，是动态扶贫、精准扶贫和控制“返贫”的重点。而传统基于贫困线的扶贫策略是对陷入贫困的农户进行帮助，在贫困发生之后的一种事后行为，所以传统扶贫策略并不能覆盖这部分农户，采取脆弱性作为扶贫标准，可以事先对农户未来的生活状态进行预测，并前瞻性地提供帮助，可以帮助农户在未进入贫困以前，有效地防止贫困的发生。②贫困的农户更加脆弱，脆弱性的农户更加容易陷入贫困。脆弱性高于 0.7 的大部分农户的收入低于贫困线，而脆弱性低于 0.3 的分布主要为非贫困农户，贫困脆弱性位于 0.3 ~0.7 之间农户的分布在贫困线两方相对比较平均。收入与脆弱性之间存在此消彼长的关系，提高农户收入不仅是脱贫最有效的方法，而且是降低农户脆弱性的有效方法。③自有风险次数和特有风险次数都对农户的脆弱性产生了比较显著的正向影响，即风险发生的次数增加，农户的脆弱性增加。此外，慢性疾病和急性疾病对脆弱性产生了比较显著的影响，系数为正。4 个连片特困区的户主受教育程度、房屋层数、是否有汽车、是否有拖拉机、经常往来亲戚朋友的个数、是否有银行存款都对脆弱性产生了比较显著的负向影响。这表明，人力资本、物质资本、金融资本、社会资本对风险冲击的缓冲作用比较明显，显著地降低了脆弱性水平。自然资本对脆弱性的影响并不显著。④户主的年龄、家庭规模比较显著且回归系数为正，表示随着户主年龄上升，家庭的规模增大，脆弱性也会增大，即农户将来陷入贫困的可能性增大。户主的性别与户主的健康程度都对脆弱性产生了比较显著的负向影响。是否外出务工的系数显著且为负，是因为外出务工作为农户的重要收入方式，会严重影响到农户的生活水平和脆弱性。

（5）中国连片特困区农户的风险管理策略选择和保障措施。探讨在中国连片特困区当前的发展水平和制度环境下，如何通过降低农户脆弱性进行反贫困。在这一方面，本项目在反贫困策略选择方面不仅重视事前的风险预警和事后的风险缓释、商业保险、社会保障等正规风险应对机制，而且考虑充分发挥社会安全网内风险统筹等非正规的风险应对机制。风险策略详细包括：建立健全风险应对机制，增强农户抵御风险冲击的能力；加大公共财政扶贫力度，强化反贫困中的地方政府职能；探索多元化金融扶贫路径，提升互联网金融扶贫效果；推进新型城镇化，促进产业升级；加强基础教育和职业教育，提升人力资本水平；创新扶贫开发方式，加快精准扶贫政策推进等。并从制度、资金、人力、技术等方面提出了保障措施。

9.2 政策启示

本书结论的政策启示在于：

（1）提高收入不仅是脱贫最有效的办法，而且是降低农户脆弱性的有效方法，因此从农户的角度来说，增收会对农户的生存生活状况产生根本影响。增收可以通过收入多样化来实现，这不仅可以增加农户收入的来源，而且可以防止因为某种风险造成收入的锐减。

（2）在国家政策层面上，建立农户的风险档案是国家“精确扶贫”政策的一个有效角度，尤其是重视事前的风险预警，建立针对地区的基本风险脆弱性档案并进行相应的政策倾斜有助于解决区域性整体贫困。在农户措施层面上，重视事后的风险缓释，积极参与商业保险，尤其是关于疾病的商业保险，降低未来的不确定性，从而降低疾病导致的贫困脆弱性增加的可能性。

（3）积极积累家庭资本是农户降低贫困脆弱性的重要措施。社会资本对农户的作用是不言而喻的，农户之间的“随礼”现象以及亲戚朋友之间的相互帮助具有中国传统的特色，是对现代商业社会构建的风险保障体系一种有效的补充，是不可替代的。社会资本只是社会安全网系统中的一个子系统，农村的内部相互关系、慈善活动同样可以发挥巨大的作用是增强社会凝聚力、完善社会安全网的举措。提升农户人力资本是供给侧改革的着力点，使农户向提升创造财富能力的“质量”转移，降低城乡收入之间的差异。推进具有中国特色的农村的建立，推进社会主义核心价值观的建立，正化城乡二元结构的固有形态，使农户更多地享受经济增长带来的成果。

总之，进一步重视贫困脆弱性的作用，并深度挖掘影响农户脆弱性的因素，从而寻找通过降低脆弱性来进行反贫困的具体路径，将有助于提升农户的生活水平，降低农户生活的不确定性，打赢扶贫攻坚战。

参考文献

[1]黄季焜,齐亮,陈瑞剑．技术信息知识、风险偏好与农民施用农药[J]．管理世界,2008(5):71－76.

[2]高梦滔,姚洋．健康风险冲击对农户收入的影响[J]．经济研究,2005(12):15－25.

[3]徐月宾,刘凤芹,张秀兰．中国农村反贫困政策的反思——从社会救助向社会保护转变[J]．中国社会科学,2007(3):40－53,203－204.

[4]陈传波．农户风险与脆弱性:一个分析框架及贫困地区的经验[J]．农业经济问题,2005(8):47－50.

[5]郃秀军,李树茁．中国农户贫困脆弱性的测度研究[M]．北京:社会科学文献出版社,2011.

[6]王永平,袁家榆,曾凡勤．趋势、挑战与对策:欠发达地区农村反贫困的实践与探索[M]．北京:中国农业出版社,2008.

[7]李小云,董强,饶小龙,等．农户脆弱性分析方法及其本土化应用[J]．中国农村经济,2007(4):32－39.

[8]刘燕华,李秀彬．脆弱性生态环境与可持续发展[M]．北京:商务印书馆,2001.

[9]郃秀军,李树茁,李聪,等．中国农行谨慎性消费策略的形成机制[J]. 管理世界,2009(7):85－92.

[10]高梦滔,姚洋．农户收入差距的微观基础:物质资本还是人力资本[J]．经济研究,2006(12):71－80.

[11]聂荣,张志国．中国农村家庭贫困脆弱性动态研究[J]．农业技术

经济，2014（10）:12－20.

[12]万广华，刘飞，章元．资产视角下的贫困脆弱性分解：基于中国农户面板数据的经验分析[J]．中国农村经济，2014(4):4－19.

[13]樊丽明，解垩．公共转移支付减少了贫困脆弱性吗？[J] 经济研究，2014(8):67－78.

[14]李齐云，席华．新农保对家庭贫困脆弱性的影响——基于中国家庭追踪调查数据的研究[J]．上海经济研究，2015(7):46－54.

[15]刘伟，朱玉春．健康风险对农户贫困脆弱性的影响研究[J]．湖北农业科学，2014(13):3216－3220.

[16]李小云．中国新世纪财政扶贫资金的运行:瞄准与偏离[R]．英国发展部课题研究报告，2005.

[17]蔡国培．和谐视角下的民族地区贫困脆弱性研究[D]．成都:四川大学,2011.

[18]李佳．中国连片特困地区反贫困研究进展[J]．贵州社会科学，2013(12):87－91.

[19]吉首大学．连片特困区蓝皮书:中国连片特困区发展报告[R].2013.

[20]国家统计局．中华人民共和国2014年国民经济和社会发展统计公报[R].2015.

[21]张国培,庄天慧．自然灾害对农户贫困脆弱性的影响——基于云南省2009年的实证分析[J]．四川农业大学学报,2011(3):136－140.

[22]黄承伟,王小林,许丽萍．贫困脆弱性:概念框架和测量方法[J]．农业技术经济,2010(8):4－11.

[23]程静．农业旱灾脆弱性及其风险管理研究——以湖北省孝感市为例[D]．武汉:华中农业大学,2011.

[24]龙凤娇,罗小锋．西南地区农户旱灾脆弱性分析——基于排序选择模型的实证研究[J]．灾害学,2014(4):204－208.

[25]韩峥．广西西部十县农村脆弱性分析及对策建议[J]．农业经济，

2002(4):38－39.

[26]杨斌,徐敬凯. 1978年以来中国农村社会保障制度的发展及评价——基于“三体系”的分析框架[J]. 山东社会科学,2014(4):82－87.

[27]刘慧. 实施精准扶贫与区域协调发展[J]. 中国科学院院刊,2016(3):320－327.

[28]唐钧. 追求“精准”的反贫困新战略[J]. 西北师范大学学报(社会科学版),2016(1):5－13.

[29]王介勇,陈玉福,严茂超. 我国精准扶贫政策及其创新路径研究[J]. 中国科学院院刊,2016(3):289－295.

[30]刘义圣,许彩玲. 习近平反贫困思想及对发展中国家的理论借鉴[J]. 东南学术,2016(2):1－9,246.

[31]黄毅,韩琳玉. 新型城镇化视角下民族地区反贫困问题研究[J]. 农村经济,2015(6):67－71.

[32]张飞霞. 公共政策视角下西部地区农村金融反贫困问题研究[D]. 重庆:重庆大学,2014.

[33]张莎. 贫困地区实现金融扶贫有效治理的路径探析[J]. 理论观察,2016(2):38－40.

[34]张晶,任保有. 浅谈建立和完善农村社会保障制度的对策建议[J]. 改革与开放,2010(10):106,108.

[35]葛庆敏,田丽. 争议声中的探索:我国农村社会保障制度建设的对策分析[J]. 西南民族大学学报(人文社会科学版),2012(3):86－89.

[36]杜军林. 西部少数民族农村地区反贫困策略[J]. 农村经济,2013(6):63－66.

[37]张晓婧. 吕梁山区集中连片特困地区的贫困问题研究[D]. 太原:山西财经大学,2014.

[38]余吉玲. 甘肃集中连片贫困地区少数民族反贫困问题研究[J]. 经济研究导刊,2016(3):62－64.

[39]程毅. 论新型农村合作医疗制度的重构理路与建构实践[J]. 云南

民族大学学报(哲学社会科学版),2014(4):54－60.

[40]张芳洁,刘淑敏．由医疗保险模式转向健康管理模式——基于农村居民疾病经济负担评价[J]．山东大学学报(哲学社会科学版),2014(6):107－117.

[41]李晓红．社会资本的当下功用与政府反贫困前瞻问题[J]．改革,2012(2):67－72.

[42]周晔馨,叶静怡．社会资本在减轻农村贫困中的作用:文献述评与研究展望[J]．南方经济,2014(7):35－57.

[43]于洪哲．社会资本视角下政府反贫困政策绩效的定量分析[D]．成都:西南财经大学,2011.

[44]黄英君,苗英振,蒋径舟．我国政府反贫困政策回顾、反思与展望——基于社会资本投资的视角[J]．探索,2011(5):154－158.

[45]王川,孔繁涛．构建农产品市场风险预警机制研究[J]．价格理论与实践,2011(7):31－32.

[46]杨维霞．农产品供应链内部农户风险防范策略探讨[J]．改革与战略,2011(7):103－104,181.

[47]刘成玉,黎贤强,王焕印．社会资本与我国农村信贷风险控制[J]．浙江大学学报(人文社会科学版),2011(2):106－115.

[48]孙梦洁,韩华为．灾害、风险冲击对农户贫困脆弱性影响的研究综述[J]．生产力研究,2013(4):189－193.

[49]韩峥．脆弱性与农村贫困[J]．农业经济问题,2004(10):8－12,79.

[50]黄伟．风险冲击、脆弱性与农户贫困关系研究[D]．武汉:华中农业大学,2008.

[51]陈贻娟,李兴绪．风险冲击与贫困脆弱性——来自云南红河哈尼族彝族自治州农户的证据[J]．思想战线,2011(3):85－89.

[52]李丽,刘永久．基于脆弱性视角的扶贫政策研究[J]．财政研究,2010(9):58－62.

[53]房超. 中国农村贫困脆弱性分析[D]. 大连:东北财经大学,2014.

[54]郑晓召. 基于异质性和协同性风险对我国农村贫困脆弱性的研究——使用多层次线性模型的实证分析[D]. 大连:东北财经大学,2015.

[55]万广华,章元,史清华. 如何更准确地预测贫困脆弱性:基于中国农户面板数据的比较研究[J]. 农业技术经济, 2011(9):13-23.

[56]郭劲光. 我国贫困人口的脆弱度与贫困动态[J]. 统计研究. 2011(9):42-48.

[57]罗宇翔. 脆弱性、风险承担网络与农村贫困研究[D]. 长沙:中南大学,2013.

[58]周静茹. 六盘山回族地区反贫困研究[D]. 兰州:兰州大学,2014.

[59]张霞,胡建元. 基于人力资本视角的新疆集中连片特困区反贫困问题研究——以新疆喀什地区为例[J]. 农村经济与科技,2016(1):84-86.

[60]曹诗颂,王艳慧,段福洲. 中国贫困地区生态环境脆弱性与经济贫困的耦合关系——基于连片特困区714个贫困县的实证分析[J]. 应用生态学报,2016(8):2614-2622.

[61]曹诗颂,赵文吉,段福洲. 秦巴特困连片区生态资产与经济贫困的耦合关系[J]. 地理研究,2015(7):1295-1309.

[62]朱晨. 浅谈特困农村地区社会救助反贫困效果——以宁夏固原T区农民为例[J]. 人才资源开发,2014(20):20.

[63]李丽,白雪梅. 我国城乡居民家庭贫困脆弱性的测度与分解——基于CHNS微观数据的实证研究[J]. 数量经济技术经济研究,2010(8):61-73.

[64]章元. 贫困的脆弱性研究综述[J]. 经济学动态,2006(1):100-104.

[65]Dercon S. Insurance against poverty[M]. Oxford:Oxford U. P. , 2004.

[66] Ali A. and Thorbecke E. The state and path of poverty in Sub-Saharan Africa: Some preliminary results[J]. Journal of African Economies,2000(9):19-24.

[67]Zhang and Wan. An empirical analysis of household vulnerability in rural China[J]. Journal of the Asia Pacific Economym,2006,11(2):196 –212.

[68]Tesliue, Emil and Lindert, Kathy. Vulnerability: A quantitative and qualitative assessment. Guatemala Poverty Assessment Program, World Bank, Washington D. C.

[69]World Bank. Managing social risks in Argentina[R]. Report,2000.

[70]World Bank. Social protection strategy: from safety net to springboard [R]. Report,2001

[71]World Bank. Securing consumption while promoting growth:The role of a productive social protection net Ethiopia[R]. Report,2003.

[72]Chaudhuri S. , Jalan J. , Suryahadi A. Assessing household vulnerability to poverty from cross – sectional data: A methodology and estimates from Indonesia[M]. Columbia University, 2002:1 –35.

[73]P. Glewwe, G. Hall. Are Some Groups More Vulnerable to Macroeconomic Shocks than others? [J]. Hypothesis Tests based on Panel Data From Peru,Journal of Development Economics,1998(56):181 –206.

[74]World Bank, World Development Report 2000/2001: Attacking poverty[M]. Oxford:Oxford University Press, 2001.

[75]Dercon Stefan. Assessing vulnerability to poverty, Jesus College and CSAE, Department of Economics[D]. Oxford:Oxford University, 2001.

[76]E. Tesliuc, K. Lindert, Vulnerability: A quantitative and qualitative assessment, Guatemala Poverty Assessment Program, World bank, Washing ton D. C. 2002.

[77]Christiaensen L. J. , Subbarao K. Towards an understanding of household vulnerability in rural Kenya[J]. Journal of African Economies, 2005, 14 (4): 520 –558.

[78]L. Pritchett, A. Suryahadi, S. Sumarto, Quantifying Vulnerability to Poverty: A Proposed Measure with Application to Indonesia[R]. World Bank

Policy Research Working Paper, No. 2437, 2000.

[79]Pritchett L. ,Suryahadi A. ,Sumarto S. Quantifying vulnerability to poverty:a proposed measure with application to Indonesia[R]. Social Monitoring and Early Response Unit Research Institute (SMERU)Working Paper,2000.

[80]Bourguignon F. Chakravarty S. R. The measurement of multidimensional poverty[J]. Journal of Eonomic Inequality,2003(1):25 -49.

[81]Neil M. and Michele C. Vulnerability and chronic poverty in rural sichuan[J]. World Development. 2003,31(3):611 -628

[82]Morduch J. Poverty and vulnerability[J]. The American Economi Review. 1994,84(2):221 -225.

[83]Chaudhuri S. , Datt G. Assessing household vulnerability to poverty:A methodology and estimates for Indonesia. World Bank Draft. 2001.

[84]Isabel Günther. Estimating households vulnerability to idiosyncratic and covariate shocks: a novel method applied in madagascar[J]. World Development,2009,37(7):1222 -1234.

[85]Zhang and Wan. An empirical analysis of household vulnerability in rural China[J]. Journal of the Asia Pacific Economy, 2006, 11(2): 196 -212.

[86]Yusuf Oyindamola B. ,Adeoye Babatunde W. ,Oladepo Oladimeji O. , et al. Poverty and fever vulnerability in Nigeria: a multilevel analysis[J]. Malaria Journal. 2010.

[87] Chaudhuri S. Assessing vulnerability to poverty: concepts, empirical methods and illustrative examples,Columbia University, New York,2003.

[88]T. Plümper,V. E. Troeger. Efficient estimation of time -invariant and rarely changing variables in finite sample panel analyses with unit fixed effects [J]. Political Analysis,2007(2):1 -16.

[89]Calvo C. ,Dercon S. Measuring individual vulnerability. Oxford Economics Discussion Paper,2005.

[90]Kakwani N. , Subbarao K. Rural poverty and its alleviation in India

[J]. Economic and Political Weekly,1990,25(13):2 – 16.

[91]Hoddinott J,A. R. Quisumbing. Methods for microeconometric risk and vulnerability assessments,risk, shocks,and human. development, 2008.

[92]Jalan J. ,Ravallion M. Transient poverty in post – reform rural China [J]. Journal of Comparative Economics,2000,26(2):338 – 357.

[93]Kamanou G. , Morduch J. Measuring vulnerability to poverty[R]. NYU Wagner Working Paper No. WP1012. 2002.

[94]Ligon E. and Schechter L. Measuring vulnerability[J]. The Economic Journal 2003(113):95 – 102.

[95]Quisumbing A. Consumption Smoothing, vulnerability, and poverty in rural bangladesh. Internatinal Food Policy Research Institute: Washington D. C. ,2002.

[96]SD Tendulkar,LR Jain. Economic growth,relative inequality,and equity:the case of India[J]. Asian Development Review. 1995,13(2):138 – 168.

[97]Skoufias E. ,Quisumbing A. Consumption Insurance and Vulnerability to Poverty:A Syn thesis of the Evidence from Bangladesh,Ethiopia,Mali,Mexico and Russia. IFPRI:Washington D. C. ,2002.

[98]Kurosaki T. Consumption vulnerability to risk in rural Pakistan [J]. Journal of Development Studies . 2006,42(1):70 – 89.

[99]Échevin D. Measuring vulnerability to asset – poverty in sub – Saharan Africa[J]. World Development, 2013(46): 211 – 222.

[100]Baulch B,and McCulloch N. Being poor and becoming poor: Poverty status and poverty transitions in rural Pakistan[J]. Journal of Asian and African Studies,2002,37(2):168 – 185.

[101]Hoddinott J. ,A. Quisumbing. Data Sources for Microeconometric Risk and Vulnerability Assessments,IFPRI:Washington D. C. ,2003.

[102]Foster J. , Greer J. , Thorbecke E. A class of decomposable poverty measures[J]. Econometrica,1984,52(3):761 – 766.

[103]Imai K. S. , Wang X. , Kang W. Poverty and vulnerability in rural China: effects of taxation[J]. Journal of Chinese Economic and Business Studies, 2010(8):399 -425.

[104] Rajadel T. Vulnerability and participation to the non - agricultural sector in rural pakistan[M]. Team Working Paper, Paris: TEAM, Université Paris, 2002.

[105] Yuan Z. , Guanghua W. Can we predict Vulnerability to poverty? [J]. Oxford Development Studies, 2009, 37(3).

索　引

后　记

该书为国家社科基金青年项目的研究成果，随着项目的完成，项目组3年多来对中国连片特困区农户风险冲击、脆弱性和反贫困问题的研究也即将结束，但对特困区农户的牵挂将伴随终生。研究期间有奋斗、有汗水，调研中无数次面临的语言问题、交通问题和农户居住分散等问题浮现在眼前。完成之际，我心中也充满了感激。感谢国家社会科学规划办对这一研究的支持和资助；感谢任保平教授和何爱平教授在申请项目时提出的宝贵意见；感谢师博副院长督促我出版本书；感谢调研时研究生们和本科生们的积极参与和当地农户的配合；也感谢贺静编辑的辛苦编排！

我的研究生王佳奇、赵玲、齐江海、张璇、高澎涛、左翔宇、张珊、孔祥如和艾泽鑫参加了项目调研和部分内容撰写，对他们的辛勤努力再次表示感谢！

虽然进行了大量的调研与研究，但书中难免有不足之处，也垦请学界同人批评指正。

韩锦绵

2019年12月6日